FACULTÉ DE DROIT DE TOULOUSE.

DE LA CONVENTION D'HYPOTHÈQUE

EN DROIT ROMAIN.

Du Retour Légal ou Successoral

EN DROIT FRANÇAIS.

DISSERTATIONS

POUR

LE DOCTORAT,

Présentées à la Faculté de Droit de Toulouse,

Par M. SOLOMIAC (Jules-François-Marie),

AVOCAT.

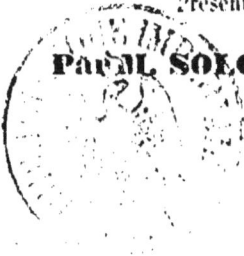

TOULOUSE,

IMPRIMERIE BAYRET-PRADEL ET COMPᵉ.

RUE PEYRAS, 12.

1855.

A MON GRAND-PÈRE, LE PRÉSIDENT GARISSON.

—

A MON PÈRE.

DROIT ROMAIN.

DE LA CONVENTION D'HYPOTHÈQUE.

CHAPITRE PRÉLIMINAIRE.

Aperçus historiques.

Quoique l'étymologie du mot hypothèque semble révéler une origine étrangère, l'hypothèque n'en est pas moins d'institution nationale à Rome et porte l'empreinte du génie romain. Ne cherchez pas quelle est la loi qui l'a établie, elle est née de la force même des choses; et si le Droit prétorien l'a sanctionnée par une action spéciale, elle existait, sous une forme ou sous une autre, longtemps avant dans les mœurs du peuple. Dans toute société, en effet, à peine les relations entre citoyens commencent-elles à devenir plus fréquentes, à peine le crédit tend-il à se développer avec les besoins individuels, les citoyens obligés de recourir à la fortune les uns des autres sont amenés à créer des institutions qui, en donnant des sûretés à l'un pour le remboursement des sommes qu'il a avancées, procurent à l'autre le moyen de réaliser promptement les emprunts nécessaires à ses affaires. Ces sûretés établies autant dans l'intérêt du débiteur que dans celui du créancier, peuvent être de deux sortes; elles peuvent consister

dans l'adjonction simultanée ou accessoire de plusieurs
personnes à une même dette, et l'on dit alors que ces
débiteurs sont tantôt *co-rei*, tantôt *sponsares* ou *fide pro-
missores;* les chances que le créancier a de rentrer dans
ses fonds sont en raison directe du nombre de personnes
obligées envers lui. Ces garanties sont appelées personnelles par opposition aux garanties dont il nous reste
à parler, qu'on nomme réelles. — Dans la garantie
réelle, le débiteur, au lieu d'offrir une tierce personne
pour répondre de sa solvabilité, confère au créancier, sur
ses biens, des droits plus ou moins étendus, mais qui en
général se résument dans les avantages suivants : le
droit de se faire mettre en possession de la chose soit
dès à présent, soit faute de paiement à l'échéance; le
droit de la faire vendre, et enfin le droit de se faire
payer sur le prix, de préférence aux autres créanciers.
Le créancier a l'option entre ces deux modes de garantie; mais la garantie personnelle ne peut être exigée
qu'autant que des tiers consentent à s'adjoindre au débiteur, tandis que la garantie réelle peut être obtenue
toutes les fois que le débiteur a des biens, et offre en
outre une assiette plus solide, moins variable que n'est
le crédit de telle ou telle personne, *plus cautionis est in re
quam in personâ;* a dit le jurisconsulte.

Mais le mode de constituer ces garanties réelles a souvent varié, et c'est ici que la législation romaine est
marquée au coin de l'originalité. Titius a besoin d'argent, il s'adresse à Seius qui consent à lui en prêter,
pourvu qu'il lui donne une garantie, qu'il lui constitue,
par exemple, un droit sur l'*ager* Sempronius, qui lui
appartient. Cette convention n'est nullement prévue par
le Droit civil, c'est à dire par la loi des XII Tables

(car nous sommes aux premiers temps de la république),
par conséquent elle n'est munie d'aucune action ; mais si
l'on trouvait moyen de faire rentrer cette convention dans
la classe de celles prévues par le Droit civil, elle sortirait
à effet et serait civilement obligatoire. Scius alors dit
à Titius : imaginons une vente, vous allez me transférer
la propriété de votre champ, en suivant les modes reconnus par la loi, sans quoi je n'acquerrai pas la propriété *ex jure quiritium*, par exemple, au moyen des
formes de la mancipation, et je m'engagerai ensuite vis
à vis de vous, par les paroles solennelles de la stipulation, à vous transférer de nouveau la propriété de votre
champ, qui sera devenu mien en vertu du premier acte,
lorsque vous m'aurez payé la dette. — Par suite de ce
mécanisme ingénieux, le créancier non seulement acquérait un droit de jouissance sur la chose, mais il en
devenait réellement propriétaire ; en sorte que si un tiers
le dépouillait, il avait seul l'action en revendication ;
mais cette propriété, quoique complète, n'était qu'inté-
rimaire et essentiellement résoluble. Deux causes principales faisaient évanouir le droit du créancier : d'abord
le paiement, en second lieu l'*usureceptio*, c'est à dire le
fait du débiteur de s'être emparé de la chose, même de
mauvaise foi et en l'absence de titres, et de l'avoir pos-
sédée pendant un an, pourvu que ce ne fût pas à titre
précaire, de fermier, par exemple, ou de locataire. Il
faut remarquer que cette mancipation suivie de reman-
cipation transférant la propriété au créancier, il ne pouvait jamais y avoir concours de plusieurs créanciers,
puisqu'il est impossible que plusieurs individus aient
en même temps, et pour la totalité, un droit de propriété
sur le même objet. Lorsque le paiement avait eu lieu, le

créancier, pour se faire transférer de nouveau la propriété, avait une action spéciale appelée action *de fiducie*, et la convention elle-même dans son ensemble était appelée clause de fiducie (1). Cette action de fiducie était de *bonne foi* (Gaius l'atteste, Comm. 4-62). Le juge pouvait tenir compte des obligations réciproques des parties, des faits de dol, etc., encore que le défendeur n'eût pas fait insérer dans la formule délivrée par le Préteur une *exception* à cet effet. Si le créancier était engagé vis à vis du débiteur par les formes rigoureuses de la stipulation, le débiteur pouvait recourir à l'action naissant de la stipulation, action plus avantageuse que l'action de fiducie, parce qu'elle était *stricti juris*, que le juge devait se renfermer dans les pouvoirs donnés par la formule.

Nous savons qu'à partir du moment où la mancipation avait eu lieu, le débiteur n'était plus propriétaire, le bien devenait pour lui chose d'autrui, *res aliena*. Mais à Rome la vente de la chose d'autrui n'étant pas nulle, l'acquéreur, encore qu'il vînt à connaître le vice dont la chose était infectée, n'avait de recours contre le vendeur qu'à partir du moment où il était évincé. Or, comme l'éviction devenait impossible, si le vendeur qui n'était pas propriétaire au moment du contrat l'était devenu à l'époque de la tradition ou de la mancipation, il en résultait que le débiteur pouvait vendre la chose qu'il avait mancipée au créancier, avec clause de fidu-

(1) Ce n'était pas le seul cas où la clause de fiducie fût en usage ; elle était aussi employée dans l'émancipation, afin de retenir sur la tête de l'ascendant les droits de tutelle, de succession, qui eussent appartenu au *manumissor*, à l'acquéreur fictif, après la troisième mancipation suivie d'affranchissement.

cie, et la vente devenait inattaquable, s'il en consacrait le prix à désintéresser le créancier. Le débiteur avait intérêt à agir de la sorte, lorsqu'il trouvait à vendre avantageusement son héritage, ou lorsqu'il voulait faire une nouvelle fiducie avec un autre tiers.

Qu'arrivait-il lorsque la dette n'était pas payée à l'échéance? Le créancier avait le droit de vendre l'objet qui lui avait été mancipé et de se payer sur le prix. Toute convention contraire eût même été frappée de nullité. Mais ne pouvait-il pas le garder? Pas de doute, s'il y avait une stipulation expresse à cet égard; mais en l'absence même de toute stipulation, nous croirions que le créancier aurait pu garder le fonds. En effet, la mancipation l'a rendu pleinement propriétaire; sa propriété, il est vrai, est soumise à une condition résolutoire; mais la condition résolutoire, le paiement, ne s'est pas réalisé; pourquoi donc ne conserverait-il pas définitivement l'objet? Il est d'autant plus probable que cette solution, conforme aux principes, était admise à Rome, que l'on n'ignore pas avec quelle dureté les débiteurs étaient traités, et qu'ils étaient, à l'origine du moins, sous la dépendance presque absolue du créancier.

Telle était la clause de fiducie dans ses éléments essentiels, dans sa rigueur primitive; le créancier non seulement avait le droit de propriété, mais il se faisait livrer la possession du fonds; toutefois l'usage s'établit peu à peu, et cet usage s'étendit à mesure que l'âpreté des mœurs primitives s'adoucit, de laisser au débiteur l'immeuble à titre de louage ou de précaire. Cette clause était favorable au débiteur qui retenait le bien de ses ancêtres, et était par là même plus animé à redoubler d'efforts pour le dégager; elle ne portait aucun préjudice au créancier qui demeurait propriétaire, elle lui était même avantageuse, en ce qu'elle le dispensait de veiller à la conservation d'un immeuble parfois incommode ou dispendieux. — Le droit de fiducie, avec cette modification, se maintint jusqu'au temps de Gaius et d'Ulpien, et ne disparut même complètement que vers l'époque du bas-empire, lorsque la *mancipatio* fut complètement tombée en désuétude, ainsi que la *cessio in jure* qui, sous des formes différentes, avait à peu près le même but.

Il faut remarquer aussi que ce droit de fiducie était exclusivement propre aux citoyens romains et ne pouvait jamais être établie au profit des étrangers.

Mais à côté du contrat de fiducie s'était établi déjà, avant la chute de la république, un contrat moins rigoureux destiné, comme le précédent, à concilier le crédit du débiteur avec la sûreté du créancier : le contrat de gage, le *pignus* (1). Le débiteur restait propriétaire du fonds qu'il voulait donner en garantie, mais il en laissait la possession au créancier. Puisque le débiteur restait propriétaire, il en résultait que si la chose ne lui appartenait pas et qu'il eût commencé à l'acquérir par usucapion, l'usucapion n'était nullement interrompue par la possession du créancier. Il en résultait également que seul, d'après le Droit strict, il pouvait exercer la *rei vendicatio* si le créancier était dépossédé. Quant au créancier, il n'avait, dans l'origine, que le droit de rete-

(1) il est certain que le *pignus* et la *fiducie* ont longtemps coexisté ; mais nous croyons qu'à l'origine la *fiducie* seule était connue. La question est pourtant controversée ; plusieurs jurisconsultes allemands ont pensé que le *pignus* et la *fiducie* existaient concurremment dès les premiers temps.

nir jusqu'au paiement la chose engagée, tant les meubles que les immeubles. Il ne pouvait la vendre que lorsque la convention le lui avait permis. Ses droits s'étendirent peu à peu; on lui accorda la faculté d'intenter des interdits pour se faire maintenir dans sa possession; la permission de vendre faute de paiement, fut toujours considérée comme sous-entendue; mais s'il venait à perdre la détention de la chose, il ne pouvait pas, d'après les principes purs du moins, exercer l'action en revendication. — Le *pignus* était un contrat de Droit des gens, il pouvait donc intervenir entre étrangers; et les actions auxquelles il donnait lieu (*directa et contraria*), étaient de bonne foi.

Puisque tels étaient les avantages du *pignus*, comment s'expliquer la coexistence du contrat de fiducie, qui subsista longtemps concurremment avec lui? C'est probablement que le gage entraînant la livraison de la chose au créancier, les débiteurs qui tenaient à conserver la détention de leur patrimoine, préféraient recourir au contrat de fiducie modifié par la clause de précaire.

Cet avantage que le contrat de fiducie avait sur le contrat de gage, lui fut enlevé lorsqu'on eut imaginé le *pignus*, fondé sur une simple convention sans remise de la chose; non seulement alors le débiteur conservait la propriété, mais il retenait la possession et jouissait des émoluments qu'elle procure. Quant au créancier, outre le droit de faire vendre l'objet affecté et de se payer sur le prix de préférence aux autres créanciers, les Préteurs, à l'imitation de l'action Servienne accordée au locateur d'un fonds rural sur les choses engagées par le fermier pour sûreté de son prix, imaginèrent une action *in rem* qu'il pouvait exercer contre tout tiers détenteur. C'est à cette convention qu'on donna spécialement le nom grec *hypotheca* pour la distinguer du *pignus* proprement dit, et l'action fut appelée *quasi-Serviana* ou *hypothecario*. Du reste, cette action fut étendue au *pignus* proprement dit; en sorte qu'à part les différences résultant de ce que dans le *pignus* il y avait remise de la chose, et dans l'*hypotheca* simple convention, le gage et l'hypothèque produisaient à peu près les mêmes effets. Aussi employait-on fréquemment à Rome une de ces dénominations pour l'autre; et que le jurisconsulte Marcianus pouvait dire, sans être accusé d'erreur : *inter pignus et hypothecam sonus tantum nominis differt*. Il faut toutefois remarquer que l'expression *pignus* s'appliquait plus particulièrement aux choses mobilières, qui sont seules susceptibles d'une possession matérielle, *quæ manu* PUGNO *traduntur*.

À l'exemple du jurisconsulte, il nous arrivera de prendre ces deux mots indifféremment l'un pour l'autre; mais le but de notre travail est l'hypothèque proprement dite, encore même ne nous occuperons-nous que de l'hypothèque établie par le consentement des parties, laissant de côté les hypothèques qui ont leur source dans divers monuments législatifs, tels que les sénatus-consultes et les constitutions impériales.

CHAPITRE PREMIER.

Caractères du droit d'hypothèque.

Un des principaux caractères du droit d'hypothèque est d'affecter la chose même, d'attribuer au créancier le *jus in re*; il peut faire reconnaître l'existence de ce droit indépendamment de tout rapport d'obligation entre lui et le détenteur de l'objet affecté. Il importe peu que l'objet soit entre les mains du débiteur ou dans celles d'un tiers, il a l'action *in rem*, ce que les modernes ont appelé le droit de suite. Mais est-ce à dire que l'hypothèque soit un démembrement même du domaine, comme l'usufruit, les servitudes prædiales? Quelques-uns l'ont pensé; il y a toutefois entre l'usufruit ou la servitude et l'hypothèque une différence radicale, c'est que lorsqu'il s'agit d'un démembrement véritable de la propriété, d'un usufruit, par exemple, l'usufruit repose sur la tête de l'usufruitier; de telle sorte que le nu-propriétaire ne peut réunir l'usufruit à la nu-propriété, même en payant l'usufruitier, à moins que ce dernier n'y consente; tandis que le débiteur peut faire disparaître quand il veut le droit d'hypothèque en remboursant intégralement le montant de la dette.

Le droit d'hypothèque est essentiellement un droit accessoire : on ne conçoit pas, en effet, qu'une sûreté puisse exister indépendamment d'un lien de droit. Sans doute, il n'est pas nécessaire que le lien existe entre celui-là même qui constitue l'hypothèque, et celui au profit de qui elle est constituée; on peut hypothéquer la dette d'un tiers, on peut même hypothéquer une dette non encore née, conditionnelle; mais toujours est-il que l'hypothèque ne produit aucun effet, si aucune *obligation* n'existe en faveur de celui au profit de qui elle est constituée; nous développerons bientôt les conséquences de ce principe.

Un autre caractère du droit d'hypothèque, c'est son indivisibilité. Le droit existe en totalité pour toute la créance et ses accessoires, non seulement sur l'ensemble

de la chose hypothéquée, mais encore sur chacune de ces
parties : *est tota in toto et tota in qualibet parte;* lors même
que le débiteur viendrait à payer une partie de la dette,
l'hypothèque ne serait pas diminuée et grèverait la chose
en totalité. De même, si le débiteur mourait laissant plusieurs héritiers, et que l'un ou plusieurs d'entre eux aient
acquitté leur part virile dans la dette, l'hypothèque subsisterait comme si l'on n'avait rien payé, et le créancier
pourrait faire vendre l'immeuble, alors même que tous
les héritiers auraient payé leur quote-part, hormis un seul.
L'indivisibilité, du reste, existe tant activement que pas-
sivement; le créancier, par exemple, laisse deux héritiers, et le débiteur deux également : l'un des héritiers
du débiteur paie sa quote-part à l'un des héritiers du
créancier, l'action hypothécaire n'en appartiendra pas
moins pour le tout à l'autre héritier du créancier. Puisque l'hypothèque est de sa nature indivisible, et que,
d'un autre côté, l'on sait que tout héritier est tenu en
principe des dettes de son auteur, même sur ses biens personnels, on aurait pu penser que l'héritier d'un débiteur
était engagé hypothécairement sur ses propres biens. Ce
résultat non seulement eût été rigoureux, mais encore il
aurait été contraire aux principes. S'il est naturel que
celui qui fait adition soit tenu des *obligations personnelles*
de l'héritier, même *ultrà vires emolumenti,* parce que sa
personne s'est confondue avec celle de son auteur, il
serait illogique de voir l'obligation qui porte *sur la chose
même* et rien que sur cette chose, s'étendre accessoire-
ment sans une convention formelle à de nouveaux liens.
Aussi la loi 29, Digeste, *de Pign. et Hyp.,* dit-elle :
*Ea quæ ex bonis defuncti non fuerunt, sed postea ab herede
ejus ex alia causâ adquisita sunt vendicari non possunt ab*

L'indivisibilité de l'hypothèque amène quelquefois des résultats assez rigoureux ; ainsi, un fonds est commun entre Titius et moi, je l'hypothèque à un tiers, et ensuite un partage intervient entre nous ; malgré le partage, mon créancier pourra exercer l'action hypothécaire sur la totalité de l'immeuble ; en sorte que la part de Titius se trouve affectée, comme la mienne, à l'acquit d'une dette contractée dans mon seul intérêt. Ce résultat est dur, mais logique, si l'on se rappelle qu'à Rome le partage était attributif de propriété, et ne devait pas nuire, par conséquent, aux droits réels précédemment acquis aux tiers.

L'indivisibilité a été établie dans l'intérêt commun du créancier et du débiteur. On peut ignorer la valeur des biens hypothéqués, et lors même qu'on la connaîtrait, cette valeur peut varier, éprouver des diminutions. Le créancier se trouverait donc exposé à essuyer des dommages, et par suite moins disposé à prêter son argent, s'il savait que son droit ne grève pas, *ab initio,* la totalité de l'immeuble, mais seulement un tiers, un quart suivant la valeur de la somme prêtée. Toutefois, on conçoit parfaitement qu'il aurait pu en être autrement ; que l'indivisibilité aurait pu ne pas exister. Ce principe n'est donc pas un des caractères *essentiels* du droit d'hypothèque. A la différence des deux caractères précédemment indiqués il se rattache seulement à la nature de ce droit, et il peut être écarté par la convention des parties. Ainsi, le créancier peut consentir à ce que son hypothèque ne grève que telle partie déterminée de l'immeuble, ou bien s'engager, en cas de prédécès de son débiteur, à n'exercer l'action hypothécaire contre ses héritiers qu'à concurrence de leur part, etc.

Le droit d'hypothèque n'ayant pas eu son origine dans le Droit civil romain, était au nombre de ces droits qui pouvaient être invoqués par les étrangers.

Il était nécessaire d'indiquer d'abord les caractères principaux de l'hypothèque. Ces caractères une fois bien connus, il devient plus facile de comprendre l'ensemble du système hypothécaire à Rome. En effet, c'est de la nature même du droit hypothécaire que découlent la plupart des règles que nous allons étudier; ces principes sont comme des jalons qui nous tracent la route que nous allons avoir à suivre. Notre sujet se résume dans la solution des questions suivantes, qui vont devenir les titres d'autant de divisions distinctes : 1° Qui peut concéder un droit d'hypothèque; 2° sur quels objets ce droit peut-il frapper; 3° quelles dettes sont susceptibles d'hypothèques; 4° formes de la convention d'hypothèque; 5° effets de cette convention et de l'action hypothécaire; 6° extinction du droit d'hypothèque.

CHAPITRE II.

Capacité des parties contractantes.

§ 1. Qui peut constituer un droit de gage ou d'hypothèque.

Deux conditions sont requises pour pouvoir constituer un droit de gage ou d'hypothèque : 1° être propriétaire; 2° être capable de contracter et d'aliéner.

I. Le débiteur, disons-nous, doit être propriétaire. Mais est-il nécessaire qu'il ait la propriété romaine, celle qui ne s'acquérait que par des modes de Droit civil? Non, puisque l'hypothèque est une convention de

Droit des gens; il suffit qu'il *ait la chose in bonis*. Il n'est pas même nécessaire d'avoir la propriété pleine et entière pour pouvoir constituer une hypothèque : quiconque a un démembrement quelconque du domaine a la même faculté; ainsi, l'usufruitier peut livrer en gage son droit d'usufruit; l'emphythéote, le superficiaire peuvent hypothéquer l'un le fonds, l'autre la superficie; le créancier gagiste même, comme nous le verrons plus tard, peut engager son droit. Mais quel serait l'effet d'un droit d'hypothèque concédé sur la chose d'autrui? Les textes nous répondent qu'en principe elle est nulle; pourtant la vente de la chose d'autrui est valable; pourquoi est-on plus rigoureux pour l'hypothèque que pour la vente? En voici la raison : la vente est un contrat dont le seul effet est de créer des obligations réciproques : obligation du vendeur de livrer la libre possession, *vacuam possessionem*, obligation de l'acheteur de payer le prix. Tant que l'acheteur a la libre possession, qu'il n'est pas troublé, que lui importe que le vendeur fût ou non propriétaire; il ne peut pas se plaindre, le vendeur a fidèlement rempli son obligation, qui était uniquement de le faire jouir de la chose. — La convention d'hypothèque, au contraire, constitue un *jus in re* et non pas un *jus ad rem*, elle engendre un droit qui suppose bien l'existence d'une obligation à garantir, mais qui au lieu d'affecter la personne exclusivement, grève l'objet et le suit entre les mains de tout détenteur quelconque. Il n'y a donc que le propriétaire qui puisse concéder ce *jus in re*; de même que seul, il peut concéder une servitude, un usufruit ou un démembrement quelconque du domaine.

Ce principe général, que la chose d'autrui ne peut

être hypothéquée, reçoit plusieurs restrictions. L'hypothèque de la chose d'autrui est valable lorsque le propriétaire l'a ratifiée ; cette ratification peut être formelle,
elle peut aussi s'induire du silence qu'a gardé le propriétaire du moment qu'il a connu son droit de propriétaire et l'affectation hypothécaire qui le grève. Cette
ratification a un effet rétroactif, de sorte que l'hypothèque existe du jour même où elle a été constituée et non
pas du jour de la ratification. La chose d'autrui peut
valablement être hypothéquée sous cette condition,
*qu'elle entrera dans le domaine du débiteur, si res debitoris
facta fuerit;* dans ce cas, l'hypothèque n'existe qu'à partir de l'acquisition faite par le débiteur ; il n'y a pas
d'effet rétroactif parce que l'acquisition dépend de sa
volonté.

Lorsque l'hypothèque a été consentie sur la chose
d'autrui, si le débiteur en devient plus tard propriétaire, l'hypothèque étant nulle dans son principe, ne
pouvait valoir d'après le Droit strict : *quod ab initio vi-
tiosum est non potest tractu temporis convalescere.* Mais
comme cette solution aurait amené un résultat inique,
on accordait au créancier une action hypothécaire *utile,*
par opposition à l'action hypothécaire directe qu'il a dans
les cas ordinaires (Dig., l. 41, *de Pign. act.*)

Il pouvait intenter cette action non seulement contre
le débiteur, mais encore contre tout tiers-détenteur,
quoique un commentateur, Accurce, ait prétendu le
contraire. C'est une question controversée de savoir si
cette action utile appartenait à tout créancier de bonne
ou de mauvaise foi. Le texte ne distingue pas; mais
une autre loi (Dig., l. 1, *de Pign. et Hyp.*), s'exprime
ainsi : *Difficilius creditori qui non ignoraverit alienum*

utilis actio dabitur, sed facilius erit possidenti retentio; d'où la plupart des commentateurs ont conclu que le créancier devait être de bonne foi pour exercer l'action; que s'il était de mauvaise foi, s'il avait su que la chose hypothéquée n'était pas la propriété du débiteur, malgré l'acquisition faite par le débiteur, que les commentateurs appellent *reconciliatio pignoris*, il n'avait qu'un droit de rétention, pourvu même qu'il fût en possession de la chose engagée.

La *reconciliatio pignoris* peut s'opérer d'une manière inverse; il s'agit non plus du débiteur, qui devient propriétaire de la chose d'autrui qu'il avait hypothéquée; mais bien du véritable propriétaire, qui hérite du débiteur. Cette situation est célèbre par une antinomie de textes. Paul, dans la loi 41, Digeste, de *Pign. act.*, soutient que l'hypothèque n'est pas validée par la confusion. Modestinus est d'un avis contraire (voir la loi 22, de *Pign. et Hypoth.*) Les interprètes du Droit romain se sont mis 'esprit à la torture pour concilier ces deux textes, parce qu'ils ne pouvaient se rendre à reconnaître qu'il y avait contradiction manifeste. Nous croyons que dans ce conflit l'opinion de Modestinus doit l'emporter. L'hypothèque est validée, on ne voit pas pourquoi il en serait autrement dans cette hypothèse que dans l'hypothèse précédente; d'ailleurs l'héritier, par l'adition, est censé ratifier les actes de son auteur, les deux personnes sont désormais confondues; et s'il voulait se prévaloir de la nullité, il nous semble qu'il devrait être repoussé comme l'aurait été le constituant par l'exception de dol. D'après cette solution le créancier aurait non pas l'action directe, mais l'action utile hypothécaire.

II. Il ne suffit pas pour pouvoir constituer une hypothèque d'être propriétaire, il faut encore avoir la capacité d'aliéner, puisque l'hypothèque aboutit à une aliénation, confère au créancier le droit de vendre. L'hypothèque est de Droit des gens, donc elle peut être consentie par un étranger aussi bien que par un citoyen romain ; peu importe même qu'il s'agisse d'un étranger ou de celui qui l'est devenu par suite de la seconde diminution de tête qui lui a enlevé ses droits de cité, de la déportation, par exemple.

L'hypothèque peut être constituée par l'intermédiaire d'un *procurator* ou mandataire, pourvu qu'il ait reçu à cet égard un mandat spécial ; même en l'absence d'un mandat, le droit d'hypothéquer la chose d'autrui appartient à celui à qui l'administration de tous les biens avait été confiée par une personne qui avait *l'habitude d'emprunter* sur hypothèque. (Digeste, loi 12, de *Pign. act.*) En Droit romain , il était de principe que le mandat n'existait pas vis à vis des tiers, le mandataire est censé seul avoir contracté; par conséquent l'action personnelle naissant du *prêt*, ne pouvait être formée que contre le *procurator*, sauf à lui à exercer l'action *contraria mandati* contre le mandant, pour se faire indemniser. Mais quant à l'action *in rem* hypothécaire, c'était contre le détenteur qu'elle devait être formée. On s'est demandé si le mandat d'aliéner emportait le mandat d'hypothéquer. Il est bien vrai, en principe, de dire que quiconque peut aliéner a le droit d'hypothéquer ; néanmoins, comme le mandataire est tenu d'exécuter le mandat à la lettre et de ne pas excéder les pouvoirs qui lui ont été donnés , que d'ailleurs l'hypothèque a des conséquences graves pour le débiteur, auquel elle peut inspirer une fausse sécurité , nous pensons que le mandat d'hypothéquer n'est pas compris dans le mandat d'aliéner.

L'hypothèque consentie par un tiers, sans mandat spécial, est nulle; mais elle cesse de l'être lorsque le propriétaire de la chose engagée ratifie. Or, dans ce cas, malgré l'effet rétroactif qu'ont en général les ratifications, nous pensons que les hypothèques consenties par le propriétaire dans le temps intermédiaire ont la préférence sur l'hypothèque ratifiée. Il ne doit donc pas dépendre de ce propriétaire de nuire à des tiers, parce que son bon plaisir est de ratifier un acte qui n'avait aucune valeur à son égard.

Tous ceux qui sont soumis au chef de famille sont censés ne faire qu'une seule et même personne avec lui. Le maître peut donc constituer une hypothèque par l'intermédiaire de ses esclaves, et l'action sera donnée contre le maître comme s'il avait agi lui-même. De même, l'hypothèque consentie par le fils de famille soumis à la puissance paternelle, est censée consentie par le père; dans ce cas, comme dans le cas précédent, le père et le maître ne sont tenus de l'hypothèque qu'autant que cette hypothèque a été consentie sur un ordre spécial ou une autorisation générale donnée par eux, ou lorsque sans autorisation l'esclave ou le fils ont donné hypothèque sur leur pécule; le père ou le maître ne sont, dans ce dernier cas, tenus que jusqu'à concurrence du pécule. Cette législation fut modifiée pour les fils de famille, lorsqu'outre le pécule profectice, dont ils n'avaient que la jouissance, on eut introduit successivement en leur faveur les pécules castrans, quasi-castrans et adventice, qui leur appartenaient en pleine propriété, ils eurent alors le droit d'aliéner pour leur propre compte; mais quant à l'hypothèque, le sénatus-consulte macédonien restreignait leur capacité. En vertu de ce sénatus-consulte, quiconque prêtait de l'argent à un fils de famille, même majeur soumis à la puissance paternelle, sans le consentement du chef, n'avait aucune action pour se le faire rendre ; et, par suite, toute hypothèque consentie en sa faveur, pour garantie du prêt, ne produisait aucun effet. Le sénatus-consulte, toutefois, ne recevait pas son application dans quelques cas exceptionnels, lorsque, par exemple, le créancier avait cru, sur des apparences graves, avoir affaire avec un père de famille. (Dig., liv. 14, tit. 6.)

Une classe nombreuse d'incapables est celle des pupilles, c'est à dire des jeunes citoyens qui n'ont pas encore atteint l'âge de la puberté et qui ne sont pas soumis à la puissance paternelle soit à cause du décès du chef de famille, soit par suite d'émancipation. Les pupilles ont une personne civile, mais cette personne, vu la faiblesse de leur intelligence, n'est pas complète ; il faut donc leur adjoindre un tiers, tuteur (*tueri*, *proteger*), qui augmente (*augere*, *auctor*, *auctoritas*) leur capacité et supplée à ce qui leur manque. D'où les jurisconsultes romains déduisaient que les pupilles, parvenus à un certain âge, pouvaient faire seuls les actes qui n'exigeaient pas un grand développement d'intelligence ; qu'ils pouvaient, par exemple, acquérir, obliger les autres envers eux ; mais que l'adjonction du tuteur était indispensable pour les actes qui entraînaient de leur part dépouillement ou obligation envers des tiers. L'hypothèque aboutissant à une aliénation, ne saurait donc être consentie par le pupille seul ; pour que l'hypothèque soit valable, il faut que le pupille soit assisté de son tuteur. Mais le tuteur seul n'aurait-il pas pu concéder une hypothèque ? Pour les actes de Droit civil purs, pour la stipulation, par exemple, la mancipation, la présence du pupille à l'acte était indispensable. C'était lui qui prononçait les paroles sacramentelles, et le tuteur ne venait que répondre de l'engagement : *auctor ne fis?* lui demandait-on ; *auctor fio,* répondait-il. Mais par les actes de Droit des gens, le tuteur pouvait les consentir seul comme gérant d'affaires. Tel était du moins le Droit primitif, jusqu'au règne de l'empereur Sévère. Cet empereur pensa que le pupille n'était pas suffisamment protégé, et il fit rendre un sénatus-consulte, qui soumit le tuteur à la nécessité d'obtenir l'autorisation du magistrat, un décret du Préteur pour aliéner ou hypothéquer les héritages ruraux de son pupille (l. 1, *de Rebus eorum,* Dig., liv. 27, tit. 9.), à moins que l'aliénation ou l'hypothèque n'eussent été ordonnées par testament ou codicille du père. L'empereur Constantin, par la loi 22, au Cod., de *Adm. tut.,* étendit cette obligation aux héritages urbains.

Le pupille, lorsqu'il avait atteint l'âge de puberté fixé, après de vives controverses entre les Sabiniens et les Proculéiens, à quatorze ans pour les hommes et douze ans pour les femmes, était libéré de la tutelle et acquérait sa pleine capacité. Mais quoique capable en droit, en fait il était encore hors d'état de se gouverner lui-même. Aussi les Préteurs introduisirent-ils en faveur du citoyen pubère, mais mineur, dès vingt-cinq ans, le bénéfice de la *restitutio in integrum* contre les actes qui lui porteraient préjudice ; et, en outre, lui accordèrent-ils le droit de demander un curateur ; il y avait même des cas où la présence d'un curateur était forcée. Le mineur qui n'avait pas de curateur avait donc le bénéfice de la *restitutio in integrum* contre les hypothèques consenties inconsidérément ; plus tard, on renchérit de sévérité, on exigea toujours un décret préalable du Préteur. Lorsque le mineur avait un curateur, ce qui avait lieu presque toujours, le mineur devait obtenir non seulement le décret du magistrat, mais encore le consentement du curateur. Si ces formalités n'avaient pas été observées, l'acte était nul, encore que le mineur ne fût pas lésé. Mais cette nullité pouvait être réparée par la ratification formelle faite par le mineur parvenu à sa majorité, ou par une ratification tacite résultant du silence qu'il gardait pendant cinq ans depuis sa majorité; et même, par un effet rétroactif, l'hypothèque était censé avoir existé valablement *ab initio*. (Cod., l. 3, *si Maj. fact.*)

Les prodigues, les furieux recevaient également des curateurs; il fallait observer les mêmes formalités pour l'hypothèque de leurs biens que pour celles des mineurs de vingt-cinq ans.

Les femmes, à Rome, furent longtemps soumises à une tutelle comme les impubères lorsqu'elles étaient *sui juris*, c'est à dire lorsqu'elles n'étaient ni sous la puissance paternelle, ni sous la *manus* du mari. Cette tutelle, qui était perpétuelle, produisait presque les mêmes effets que la tutelle ordinaire; en sorte que sous l'empire de cette législation, la femme ne pouvait ni aliéner ni engager ses biens sans le concours de son tuteur. — La tutelle des femmes commença à s'adoucir sur la fin de la république; les tuteurs n'intervinrent que pour la forme, et même le Préteur pouvait les forcer à donner leur consentement (Gaius, Inst. 1, § 130).—La loi Pappia-Poppea, dont l'objet était de multiplier le nombre des citoyens, en offrant des primes à la fécondité, libéra de la tutelle les femmes qui auraient un certain nombre

d'enfants. La loi Claudia abolit la tutelle des agnats et
ne laissa subsister que celle des ascendants et des pa-
trons, qui finit même par disparaître. Les femmes *sui
juris* purent donc s'obliger seules, aliéner et hypothéquer valablement ; mais l'hypothèque n'était valable
que lorsqu'elle était établie pour sûreté de leurs propres dettes ; car en même temps qu'on avait augmenté
leur capacité, on avait eu soin d'établir en leur faveur
des mesures de protection ; et le sénatus-consulte Velléien, rendu sous le même empereur Claude, défendait
à la femme de s'obliger pour autrui ; il lui accordait,
si elle avait eu cette imprudence, une exception et
même la *condictio indeliti*, si elle avait payé.

Quant à la femme mariée, tant que la *manus* fut en
usage, elle ne pouvait hypothéquer, puisqu'elle n'avait
rien à elle, que sa personnalité était absorbée par celle
du mari. Lorsque la femme n'était pas en *manus*, elle
tombait en tutelle, cas que nous venons d'examiner.
Le *manus* tomba en désuétude, mais d'autres prohibitions s'élevèrent, notamment celle du sénatus-consulte
Velléien et celle de la loi Julia, qui défendent d'hypothéquer le fonds dotal ; mais quant aux biens non dotaux
ou paraphernaux, on admit que les femmes pouvaient
les hypothéquer, pour leurs affaires particulières, sans
le consentement du mari.

§ 2. Capacité de celui qui s'est acquis un droit d'hypothèque.

D'après les principes du Droit romain, on peut acquérir non seulement par soi-même, mais encore par l'intermédiaire de personnes qu'on a sous sa puissance.
Ainsi, le *pater familias* acquérait le bénéfice d'une hy-

pothèque consentie en faveur de son esclave ou du fils qu'il avait sous sa puissance. Mais, en principe, on ne pouvait acquérir par l'intermédiaire d'une personne étrangère, même par un procureur fondé; en sorte que celui qui avait reçu le mandat d'un créancier d'exiger une hypothèque du débiteur, pouvait seul intenter l'action hypothécaire, sauf le droit du mandant de se faire ensuite rendre compte par l'*actio mandati*.

Le pupille pouvant acquérir valablement sans l'intervention de son tuteur, il semblerait qu'il fût capable de recevoir seul une hypothèque à son profit. Cette solution souffre cependant quelque difficulté, à cause du texte de la loi 38, Dig., *de Pign. act.*, qui exige formellement l'autorisation du tuteur, lorsqu'il reçoit un gage de son débiteur. Toutefois, ce texte nous paraît devoir être restreint au cas de gage proprement dit, et ne pas être étendu à l'hypothèque. Le gage, en effet, met le créancier en possession, il doit donc veiller attentivement à la conservation de la chose, il est responsable des détériorations qui surviennent par son fait; en un mot, il crée des obligations réciproques du créancier et du débiteur. Or, comme le pupille ne peut être obligé sans l'*auctoritas tutoris*, il était rationnel et juste d'exiger l'intervention du tuteur pour l'acquisition du *pignus*; mais dans le cas de simple hypothèque, ces motifs disparaissent; le pupille n'ayant pas *ab initio* la détention de la chose, n'a pas besoin de l'*auctoritas tutoris* pour faire consentir une hypothèque à son profit.

CHAPITRE III.

Objets de l'hypothèque et étendue du droit hypothécaire.

§ 1. Objets de l'hypothèque.

L'hypothèque renferme une aliénation. Donc, en principe, quiconque peut aliéner, peut également hypothéquer. Tout ce qui peut être vendu est susceptible d'hypothèque : *quod emptionem venditionem que recipit etiam pigerationem recipere potest.* Or, le principe est, que tout ce qui est dans le commerce, tout ce qui peut entrer dans le patrimoine, meubles ou immeubles, choses corporelles ou incorporelles, peuvent être vendus, sauf prohibition contraire. L'hypothèque, en Droit romain, frappera donc les meubles comme les immeubles, bien qu'aux premiers le nom de gage soit plus spécialement affecté ; elle pourra porter sur de simples droits et même sur des espérances.

D'après cela, on peut facilement indiquer les choses non susceptibles d'hypothèque. Ce sont, d'abord, les choses enlevées au commerce ou les objets sacrés, religieux, les enfants ou les hommes libres ; les esclaves, au contraire, peuvent être hypothéqués, puisqu'ils font partie du patrimoine des citoyens. — On peut hypothéquer les choses futures ; mais si l'existence de ces choses était impossible, l'hypothèque serait nulle. Il en serait de même s'il s'agissait de biens dont l'aliénation a été formellement défendue par une loi ou un sénatus-consulte. Ainsi, des raisons d'ordre public et l'intérêt des plaideurs défendent d'engager les choses litigieuses. Si une pareille hypothèque avait eu lieu, le créancier qui youdrait intenter l'action hypothécaire, serait repoussé par une exception. (Dig., 20, 3, l. 1.)

Les immeubles dotaux, en vertu de la loi Julia *de fundo dotali*, rendue sous Auguste, pouvaient être aliénés avec le consentement de la femme ; mais ils ne pouvaient être hypothéqués, même avec ce consentement, parce que l'hypothèque n'entraînant pas immédiatement la dépossession de l'immeuble, on craignait que la femme ne se laissât aller trop facilement à céder à l'influence du mari. Cette loi ne régissait que les fonds italiques. Justinien étendit ces prohibitions aux fonds provinciaux et renchérit même de sévérité, puisqu'il défendit d'une manière absolue l'aliénation et l'hypothèque de l'immeuble dotal (Cod., l. 15, *de rei uxoriœ act.*, § 13). Mais tous les commentateurs, hormis un seul, Grégorius Tolosanus, reconnaissent que ces prohibitions ne s'appliquèrent jamais aux meubles dotaux.

Une loi au Code, liv. 6, tit. 60, *de Bonis, de Maternis*, défend aussi aux pères de famille qui administrent les biens de leurs enfants, de les hypothéquer.

L'hypothèque peut porter sur un droit d'usufruit. (Loi 11, *de Pign. et Hyp.*, Dig.) Le créancier n'a pas pour cela un droit aux fruits du fonds, mais il peut faire vendre l'usufruit et se faire payer par préférence. Cette hypothèque sur l'usufruit, au lieu d'embrasser la valeur intégrale de l'immeuble, est restreinte à la valeur de la jouissance de l'immeuble pendant la durée de l'usufruit ; le créancier suit bien cet usufruit entre toutes les mains où il passera, mais la vente qu'il en fera ne sera valable que pour le temps qui restera à courir sur la tête de l'usufruitier. Ce droit s'atténue donc à mesure que l'usufruit approche du terme, et finit même par disparaître ; mais tant qu'il dure, le nu-propriétaire ne peut inquiéter le créancier à qui l'hypothèque a été concédée, pas plus qu'il ne pourrait inquiéter celui à qui l'usufruitier aurait vendu l'exercice de son droit ; il serait repoussé par l'exception : *si non inter creditorem et eum ad quem ususfructus pertinet convenerit ut ususfructus pignori sit.*

Le fonds donné en emphytéose peut être valablement hypothéqué par l'emphytéote ; mais dans le cas où il aurait été convenu entre l'emphytéote et le propriétaire, que si la redevance n'était pas payée pendant un certain temps, le fonds retournerait au maître, le maître a la préférence sur le créancier, et le droit d'hypothèque de ce dernier s'évanouit. (Loi 31, Dig., *de Pign. et Hyp.*) De même, le superficiaire peut engager valablement le fonds dans sa superficie. Mais remarquons que dans ces deux cas, c'est la chose corporelle, affectée du droit d'emphytéose ou de superficie, qu'on doit hypothéquer, et non pas les droits eux-mêmes.

La même remarque s'applique à l'hypothèque de l'hypothèque, comme l'attestent assez les expressions, *res pignerata, id quod pignori obligatum est.* L'hypothèque de l'hypothèque porte sur la chose même qui a été engagée et non sur le droit lui-même. Ainsi, un créancier, quoiqu'il ne soit pas propriétaire de la chose affectée à sa créance, peut néanmoins la donner en garantie à son propre créancier. Nous disons que la sûreté du second créancier, qu'on appelle créancier sous-gagiste, porte sur la chose même et non sur le droit ; et une conséquence de ce principe, c'est que le débiteur n'est nullement lié vis-à-vis de ce créancier ; en sorte, qu'en règle générale, le second créancier n'a aucune action contre lui, le débiteur n'est tenu de payer que le premier créancier avec lequel il a contracté. — La loi au Code, *si pignus pignori*, vient modifier ces principes, en déclarant que le créancier sous-gagiste peut dénoncer son droit au débiteur, et qu'après cette dénonciation, c'est à lui et non au premier créancier que le paiement doit être fait, sous peine de recourir contre le débiteur qui aurait imprudemment payé le premier créancier. Le droit du créancier sous-gagiste est nécessairement restreint dans les limites du droit du créancier gagiste; par conséquent, les créanciers sous-gagistes ne peuvent exercer l'action hypothécaire et vendre la chose qu'autant que le premier créancier le pourrait lui-même, c'est à dire que lorsque la première dette serait échue. L'action hypothécaire à laquelle il pourrait recourir ne serait pas l'action directe, mais seulement une action utile.

Les créances (*nomina*), peuvent être l'objet d'une convention d'hypothèque. Si le débiteur a payé son créancier, le second créancier à qui la créance avait été donnée en gage, n'a d'action que contre son débiteur à lui et non pas contre le débiteur du débiteur; mais si le paiement n'avait pas eu lieu et que la dette fût échue, il aurait une action utile contre le premier débiteur, dont l'obligation a été donnée en garantie, pour exiger le paiement ou pour vendre la créance.

Le droit d'usage ne peut être hypothéqué, puisqu'il ne peut être cédé; mais le droit d'habitation, suivant nous, pourrait être affecté en gage à une dette, puisque celui à qui ce droit a été concédé a la faculté d'en abandonner l'exercice à un autre, à titre de louage.

Il est manifeste que les servitudes prædiales n'étant que les accessoires des héritages, peuvent être hypothé-

quées avec eux, puisque les immeubles sont susceptibles d'être engagés avec leurs accessoires. Mais peu-
vent-elles être isolées des fonds pour être constituées en
gage ? La loi 11, § 3, Dig., *de Pign. et Hyp.*, porte que
les servitudes urbaines ne peuvent être hypothéquées,
tandis qu'il en est autrement, d'après la loi 12 du même
titre, des servitudes de passage : *viæ, itineris, actus,
aquæductus.* Ces deux lois ont donné beaucoup de mal
aux interprètes, qui ont bâti là dessus des théories plus
ou moins exactes. Les uns ont voulu distinguer entre
les servitudes déjà établies, ou *formales* (Barthole
Neguzantius), et les servitudes non encore établies, ou
causales, parmi lesquelles ils distinguent encore les servitudes urbaines des servitudes rurales, — D'autres ont
pensé qu'on ne pouvait pas hypothéquer, à proprement
parler, les servitudes, mais qu'on pouvait donner seulement en garantie leur usage. D'autres enfin (Dumou-
lin), étaient d'avis que toute servitude établie ou à établir, pouvait être hypothéquée. Cette dernière opinion
n'est certainement pas soutenable en présence des textes. Nous croyons, nous tenant à la lettre de la loi,
qu'aucune hypothèque ne peut être constituée sur une
servitude urbaine, parce que ces servitudes (droit d'appui, droit de gouttière, *jus stillicidii*), ne peuvent avoir
d'utilité que pour le fonds dominant ; et que par suite elles ne procurent aucune sûreté au créancier qui ne
peut pas les vendre et mettre ainsi son droit en exercice. Mais pour certaines servitudes rurales, pour le droit
de passage, par exemple, elles peuvent être concédées,
à titre de gage, à un créancier, parce que, faute de paiement, il pourra les vendre à un voisin du débiteur à
qui il pourra être fort utile ; lui-même, d'ailleurs, quoi-

que ses terres ne soient pas limitrophes de celles du débiteur, peut trouver son avantage à exercer cette servitude.

§ 9. Étendue du droit d'hypothèque.

Le droit d'hypothèque peut frapper des objets spécialement déterminés, comme aussi il peut porter sur
l'ensemble du patrimoine. Dans le premier cas, l'hypothèque est particulière, spéciale; dans le second, générale.

1° *Hypothèque spéciale.* — L'hypothèque constituée
sur des choses déterminées s'étend aux accroissements
que la chose a reçus. Lorsqu'un fonds hypothéqué, par
exemple, vient à s'accroître par alluvion, l'hypothèque s'étend à l'alluvion. — De même, le créancier
hypothécaire a droit aux fruits de l'immeuble perçus
par le débiteur après que l'action hypothécaire a été
intentée, depuis la *litis contestatio.* — Un esclave peut
être donné en gage; mais, dans ce cas, le droit du créancier ne s'étend pas à son pécule, à moins d'une convention expresse (loi 1, Dig., *de Pign. et Hyp.*) — Si une
mère esclave est donnée en garantie à un créancier,
l'hypothèque s'étend-elle de plein droit à ses enfants?
Paul, dans ses Sentences, résout la question négativement; un texte du Digeste adopte une solution contraire
(loi 29, *de Pign. et Hyp.*) La première opinion nous pa-
rait préférable comme plus douce, comme plus conforme
à l'esprit du Droit romain, qui ne considérait pas l'enfant comme l'accessoire de la mère.

Lorsqu'une hypothèque est donnée sur la nu-pro-
priété et que l'usufruit vient à s'y réunir, l'hypothèque

s'étend à l'usufruit (l. 18, *de Pign. act.*); de même, si un tiers bâtit sur un terrain hypothéqué, l'hypothèque grève également la maison. — Si l'usufruitier qui a consenti une hypothèque vient à acquérir la nu-pro-priété, par voie de succession ou autrement, les créan-ciers verront leur gage s'augmenter par cette consoli-dation; mais s'il existait des créanciers qui eussent hypothèque sur la nu-propriété, chaque classe de créan-ciers conserverait ses droits à part. Si un débiteur ac-quiert, par échange, un immeuble à la place de celui qu'il avait hypothéqué, le nouvel immeuble n'est pas grevé de la charge d'hypothèque, pourvu qu'il n'y ait entre le créancier et le débiteur qu'une convention d'hy-pothèque spéciale.

2° Hypothèque générale. — L'hypothèque générale, à Rome, comprenait-elle les biens présents et à venir ou n'embrassait-elle que les biens présents? Avant Justi-nien, lors même qu'un débiteur aurait déclaré qu'il hypothéquait tous ses biens, l'hypothèque ne s'étendait pas aux biens à venir, à moins d'une convention ex-presse. C'est la Constitution 9, au Cod., 8-1, qui étend de plein droit aux biens à venir, en absence de toute clause, la convention que tous les biens sont hypothé-qués. — Il est aisé de voir combien une pareille hypo-thèque est onéreuse pour le débiteur; aussi a-t-on apporté quelques restrictions à ce principe. — Ulpien déclare qu'on n'y comprend pas les objets que le débi-teur n'a pas pu avoir l'intention d'engager, par exem-ple, les meubles meublants, les vêtements, les escla-ves dont l'usage est indispensable ou pour lesquels le débiteur aurait une affection extraordinaire, par exem-ple, l'esclave dont il aurait fait sa concubine, ou ses

3

enfants naturels. — Nous avons déjà dit, plus haut, que les biens propres de l'héritier ne sont pas compris dans la convention d'hypothèque générale faite par le défunt, malgré la confusion des personnes. — La faveur que méritent les affranchissements a fait décider aussi, qu'alors même qu'un citoyen aurait consenti une hypothèque générale, il n'en conserverait pas moins le droit d'affranchir un ou plusieurs de ses esclaves, pourvu que cet affranchissement n'eût pas été fait dans une intention frauduleuse, cas auquel il aurait été nul d'après la loi Ælia-Sentia.

Lorsque le créancier a une hypothèque générale, il conserve cette hypothèque sur les choses particulières qui seraient aliénées par le débiteur; mais s'il avait consenti à cette aliénation encore que ces choses revinssent plus tard dans le patrimoine du débiteur, elles ne seraient plus grevées par l'hypothèque.

Le même créancier peut avoir à la fois une hypothèque générale et une hypothèque spéciale, auquel cas il doit d'abord recourir à l'hypothèque spéciale.

Quand l'hypothèque est générale, de quel jour frappe-t-elle les biens à venir, est-ce du jour de la convention ou du jour de l'acquisition? C'est seulement du jour de l'acquisition, parce que ce n'est pas là une condition, proprement dite, à laquelle on puisse attribuer un effet rétroactif.

CHAPITRE IV.

Obligations susceptibles d'hypothèques.

La convention d'hypothèque étant une convention accessoire, comme nous l'avons dit, suppose l'existence d'une obligation. Il suffit que cette obligation existe, peu importe sa nature. L'hypothèque, comme la fidéjussion, peut intervenir à la suite de toute espèce de contrats; d'un *mutuum*, d'une vente, d'un louage, d'une promesse de dot; etc. L'hypothèque peut même garantir une obligation qui n'est pas encore née; mais alors le droit et par suite l'action n'existe qu'au moment où l'obligation prend naissance; jusque-là l'hypothèque ne confère que des droits éventuels, les parties ne sont nullement liées par le *vinculum juris*, et elles peuvent se désister. La loi 4, Dig., *quœ res Pign.*, 20-3, nous en offre un exemple : Titius comptant recevoir sous peu de Mævius une somme d'argent, à titre de prêt, lui en a donné une reconnaissance anticipée et lui a accordé hypothèque sur certains biens; dans l'intervalle entre la constitution d'hypothèque et la numération des espèces, le débiteur Titius a aliéné certains des objets hypothéqués; la loi décide que le créancier n'a pas l'action hypothécaire sur les biens acquis par le tiers, et l'hypothèque ne frappera que les biens qui se trouvaient au pouvoir du débiteur à l'époque de la numération des espèces, parce que le lien n'a été formé qu'au moment où les espèces ont été comptées; il était au pouvoir du débiteur, après avoir fait son billet, de ne pas recevoir l'argent.

L'obligation garantie par l'hypothèque peut être pure et simple, à terme ou conditionnelle. Lorsque l'obligation est à terme, encore que le terme ne soit pas échu, le créancier hypothécaire peut agir (loi 14, de Pign. et Hyp.); mais l'hypothèque n'a sa pleine efficacité qu'après l'échéance de la dette. Lorsque l'obligation est conditionnelle, si la condition ne se réalise pas, l'hypothèque est censé n'avoir jamais existé; mais lorsque la condition arrive, elle a un effet rétroactif, en sorte que l'hypothèque remonte au jour même de la convention et prime les hypothèques postérieures. Mais cet effet rétroactif n'a lieu qu'autant qu'il s'agit d'une condition casuelle ou mixte: car si l'obligation était purement potestative de la part du débiteur, comme dans l'hypothèse précédente, la garantie n'existerait qu'au moment même de la naissance de l'obligation.

La loi 7, Dig., qui potior, nous offre un exemple d'une hypothèque qui garantit une obligation contractée sous une condition casuelle : un héritier donne hypothèque sur ses biens pour des legs qui sont dus sous condition, et le jurisconsulte décide qu'il ne pourra hypothéquer ces mêmes biens à des tiers, pendente conditione, au préjudice des légataires; en sorte que si la condition se réalise, les légataires ont la préférence. — Il en serait tout autrement dans l'exemple suivant : vous vous obligez à me payer 10,000 fr. quand vous irez à Paris, et vous me donnez une hypothèque pour cette dette. Comme il est en votre liberté d'aller à Paris ou de ne pas y aller, que l'effet de votre promesse dépend de votre seule volonté, l'hypothèque ne commencera d'exister qu'à partir du moment où la condition se réalisera.

L'hypothèque n'existe pas si l'obligation principale est nulle *ab initio*, ou lorsque, quoique valable aux yeux du Droit strict, elle peut être annulée au moyen d'une exception perpétuelle et péremptoire, telles que le dol, la violence. Néanmoins, s'il est prouvé que le débiteur qui a consenti l'hypothèque sur une obligation entachée de dol, etc., connaissait le vice de son obligation et le moyen de la faire tomber, et que nonobstant il ait passé outre, ce débiteur serait censé avoir renoncé au bénéfice de la loi, et l'hypothèque serait valable.

Remarquons que le débiteur ne serait pas censé avoir renoncé à l'exception de dol, s'il avait consenti l'hypothèque en même temps que l'obligation. Cette renonciation ne peut être présumée, qu'autant que l'hypothèque a une date postérieure à la naissance de l'obligation.

Une grande corrélation existe entre la fidéjussion et l'hypothèque. Elles constituent toutes deux des conventions accessoires et peuvent garantir les mêmes obligations. Ainsi, de même qu'une obligation naturelle peut servir de base à une fidéjussion, de même elle est susceptible de recevoir une hypothèque; cela devait arriver fréquemment dans une législation telle que la législation romaine, qui ne reconnaissait comme strictement obligatoires et munies d'actions, que les conventions spécialement prévues; et où le nombre des obligations naturelles devait, par conséquent, être considérable. De ce que l'obligation naturelle pouvait être hypothéquée, il résultait de cette irrégularité que le créancier avait l'action hypothécaire et non pas l'action personnelle, en sorte que si le fonds avait été vendu, il ne pouvait agir que contre le tiers détenteur.

De même qu'on peut s'engager pour autrui, de même

on peut garantir par une hypothèque la dette d'autrui, *dare quis hypothecam sive pro sua obligatione sive pro aliena potest.* Ce tiers peut, comme le pourrait le débiteur lui-même, donner son fonds en garantie d'une dette née ou à naître, civile ou naturelle. Ainsi, un esclave ou même un fils de famille a contracté une obligation envers le maître ou le *pater familias*, l'obligation n'est que naturelle; mais qui empêche un tiers, pour sûreté de cette dette, soit de se porter fidéjusseur, soit d'engager tout ou partie de son fonds. Il faut remarquer que cette obligation par autrui n'est pas permise à toutes personnes. Ainsi, le sénatus-consulte Velléien, le défend expressément aux femmes, comme nous l'avons dit, lors même que l'intercession aurait lieu en faveur de leur mari.

L'hypothèque garantit non seulement la totalité de la dette, mais encore les accessoires, les intérêts, par exemple, sauf clause contraire.

Il était de principe à Rome qu'une obligation ne pouvait pas être directement transférée d'un créancier à un autre, parce que l'obligation étant un lien de droit entre deux personnes déterminées, changer une des personnes ce n'est plus le même droit, c'est une obligation nouvelle. Néanmoins, on parvenait à la cession des obligations au moyen des principes du mandat. Celui qui voulait se défaire de sa créance au profit d'un tiers, le constituait son *mandator*, son *procurator*, et comme tel, il pouvait actionner directement le débiteur, il l'établissait *mandator in rem suam*, c'est à dire pour son propre compte; en sorte qu'il n'était pas astreint à rendre compte et à communiquer le bénéfice de ses opérations au mandant. Ce mécanisme ingénieux pouvait s'appliquer aux obligations garanties par une hypothèque,

comme aux obligations ordinaires. Le bénéfice de l'hypothèque passait, avec l'obligation principale, sur la tête
du tiers, *procurator in rem suam*, qui peut intenter en
cette qualité tant l'action hypothécaire que l'action personnelle.

CHAPITRE V.

Modes de constitution de l'hypothèque conventionnelle.

L'hypothèque, avons-nous dit, est un droit réel. Or,
à Rome, c'était un principe que les droits réels n'étaient
transmis que par la tradition; encore même, avant Justinien, fallait-il souvent que cette tradition fût entourée
des formes symboliques de *la mancipatio* ou de *la cessio
in jure*. Ce principe est constant pour le droit réel de propriété; quant aux démembremens, aux servitudes notamment, c'est une question vivement controversée en
Allemagne, surtout de savoir si elles ne pouvaient pas
être établies par des pactes et des stipulations, sans le
secours d'aucune tradition ou quasi-tradition. Mais pour
le droit d'hypothèque, lors même qu'on admettrait avec
certains docteurs, qu'elle constitue un véritable démembrement de la propriété, les textes sont formels : la
simple convention suffit pour l'établir. Bien plus, cette
convention n'est assujettie à aucune espèce de formes; ni
l'écriture ni les paroles sacramentelles ne sont exigées
pour son existence. L'hypothèque peut être consentie
verbalement, et dans ce cas, on pourra recourir à toute espèce de preuves pour établir l'existence de l'hypothèque
et sa date; ces preuves, une fois faites, l'hypothèque
produira tous ses effets tant entre les parties que vis à

vis des tiers. Toutefois, lorsque l'hypothèque ne résultera
pas d'un acte écrit, la preuve sera difficile; aussi était-il
d'usage de la constater par un écrit, mais l'écrit n'intervient jamais que *ad probationem*. (Loi 4, *de Pign. et
Hyp.*)

La clandestinité résultant de cette absence de toute
formalité, pouvait être un moyen de fraude entre le débiteur et les tiers, qui pouvaient ignorer l'affectation hypothécaire dont ses biens étaient grevés; aussi la loi
romaine avait-elle pris quelques précautions pour at-
ténuer ses résultats fâcheux. Tout débiteur qui donnait
un gage ou une hypothèque, était tenu de déclarer les
hypothèques précédentes qui grevaient le fonds, à moins
que la dette antérieure ne fût très minime; et celui qui
négligeait de faire cette déclaration se rendait coupable
de stellionat. Ce délit était réprimé par la condamnation
aux mines ou la rélégation; le débiteur ne pouvait
échapper à cette peine qu'en restituant au créancier
qu'il avait trompé la somme qu'il lui avait empruntée;
en outre, il était noté d'infamie (Dig., 1. 3, *de Stellion.*).
Il eût mieux valu substituer à ces rigueurs un bon
système de publicité; c'est ce que chercha à faire en
partie l'empereur Léon, par une constitution insérée au
Code (8, 18, 11, *qui potior*). En vertu de cette constitution, les hypothèques constatées soit par un acte public, *instrumentum publicum*, soit par un acte signé de
trois hommes d'une réputation intègre, devaient passer
avant celles qui seraient dénuées de semblables preuves, même lorsqu'elles seraient postérieures en date.
Mais nous croyons que ce serait une erreur de penser,
comme l'ont cru quelques auteurs (M. Grenier notamment), qu'à partir de cette époque, ce fût une néces-

sité d'établir l'hypothèque par acte public. Entre le créancier et le débiteur, l'hypothèque, en Droit romain, fut toujours valable, lors même qu'elle n'eût été environnée d'aucune solennité ; ce n'était que dans les rapports des créanciers entre eux que la constitution de Léon apporta une modification importante ; les termes mêmes le prouvent clairement.

L'hypothèque, comme en général tous les actes de Droit des gens, peut être consentie, *inter absentes*, par correspondance.

Il peut arriver que la dette soit pure et simple et que l'hypothèque soit consentie sous une condition. Or, si la dette est actuellement exigible, mais que la condition à laquelle est subordonnée l'hypothèque ne soit pas encore arrivée, le créancier ne peut pas encore exercer l'action hypothécaire, puisque l'hypothèque n'existe pas, on ignore même si elle existera jamais. Mais d'un autre côté, le créancier pourrait exiger le paiement par l'action personnelle. Pour concilier tous les intérêts, le juge ordonnera alors au débiteur de ne donner caution que dans le cas où la condition s'accomplirait et où l'argent ne serait pas payé ; il restituera la chose hypothéquée si elle existe encore. (Loi 13, 3°, de *Pign.* et *Hyp.*)

La convention peut être faite en même temps que l'obligation principale ou à une époque postérieure. Le contrat de gage proprement dit, c'est à dire la clause de remise de possession au créancier, constituait un contrat de Droit civil muni de ses actions spéciales ; tandis que la convention d'hypothèque ne constituait qu'un simple pacte qui fut investie d'une sanction par le Droit prétorien.

CHAPITRE VI.

Effets de l'hypothèque et de l'action hypothécaire.

SECTION PREMIÈRE.

Effets de l'hypothèque entre les parties.

Droits du débiteur. — Nous avons vu qu'à la différence du contrat de fiducie le débiteur, par le contrat de gage ou la convention d'hypothèque, ne perdait pas la propriété de la chose hypothéquée. Il suit de là que s'il a commencé d'usucaper la chose d'autrui, son usucapion n'est pas interrompue par l'affectation; toutes les augmentations et détériorations qui surviennent à la chose sont pour son compte. Il peut grever son fonds de servitudes, en tant qu'elles ne préjudicient pas aux créanciers. Il peut consentir de nouvelles hypothèques, pourvu qu'il dénonce au créancier les hypothèques antérieures, sous peine de stellionat (voir plus haut). En vertu de son droit de propriétaire, il peut aliéner; mais la clause par laquelle le créancier lui aurait fait promettre de ne pas vendre, est parfaitement valable. Le débiteur qui aliène un fonds, ne l'aliène qu'avec la charge d'hypothèque qui le grève; toutefois, si le créancier a donné son consentement à l'aliénation et qu'il ne se soit pas expressément réservé son droit, il est présumé y renoncer. — Relativement aux choses mobilières qu'il a grevées d'un gage, le débiteur, s'il les vend sans le concours des créanciers, commet un vol, bien que sur sa propre chose il est tenu de l'*actio furti*, et néanmoins l'acquéreur ayant reçu ses droits du véritable propriétaire, acquiert lui-même la propriété de la chose. Le motif de cette différence entre l'aliénation des meubles et celle des immeubles, c'est que les jurisconsultes romains avaient admis, après controverse, que les immeubles n'étant pas susceptibles de déplacement, ne pouvaient être volés. Les meubles sont, d'ailleurs, susceptibles d'une transmission très prompte de propriété, et peuvent se détériorer aisément ; il était donc à craindre que le créancier ne perdit la sûreté qui lui a été donnée ; tandis que le même danger n'existe pas ou est moindre pour les immeubles.

Si la chose vient à être vendue par le créancier, faute de paiement, le débiteur ne peut pas l'acheter, parce qu'il est de principe qu'on ne peut pas acheter sa propre chose. (40, *de Pign. act.*)

Le débiteur conserve la possession, à moins qu'il ne soit intervenu une clause contraire entre lui et le créancier ; il a donc seul le droit d'intenter les interdits possessoires pour se faire protéger dans sa possession, même contre le créancier si, avant l'échéance de la dette, ce dernier se mettait en possession de l'immeuble qui lui a été simplement hypothéqué. — Si, au contraire, le débiteur avait concédé un droit de gage proprement dit au créancier, celui-ci seul aurait l'exercice des interdits ; mais le débiteur, d'après le Droit strict restant propriétaire, pourrait seul intenter l'action en revendication contre les tiers. Dans la même hypothèse, c'était par l'action *pigneraticienne* directe, action personnelle, que le débiteur qui avait satisfait le créancier, agissait pour se faire remettre le gage.

Le gage proprement dit n'intervenait guère que pour les effets mobiliers ; pour les immeubles, on avait recours à une convention appelée antichrèse. Le créancier jouissait alors du fonds, les revenus se compensaient avec les intérêts de la somme; et l'excédant des revenus, lorsqu'il y en avait, devait être appliqué au capital.

Droits du créancier. — Primitivement, il paraît que le seul droit du créancier gagiste ou hypothécaire se bornait à la simple rétention de la chose jusqu'au paiement. Faute de paiement, le créancier n'avait le droit de la faire vendre que dans le cas où il existait une clause formelle à cet égard. Plus tard, lorsque l'institution se fut développée, le droit de vente devint de l'essence même du contrat; il était censé exister tacitement en l'absence de toute clause; le pacte contraire, *ne vendere liceat*, ne pouvait l'enlever, bien que ce pacte ne fût pas sans effet, comme nous le verrons.

1° Formes, effets de l'action hypothécaire exercée contre le détenteur de l'objet hypothéqué. — Le droit d'hypothèque est un droit réel, un *jus in re*; ce droit s'attache au fonds, s'y imprime d'une manière si énergique, qu'il le suit entre quelques mains qu'il vienne à passer. Il peut donc être intenté contre tout détenteur, alors même qu'aucun lien de droit n'existerait entre lui et le créancier. Mais aussi, puisqu'il ne peut être exercé que sur la chose même, le débiteur cesse d'y être soumis lorsqu'il perd la possession de l'immeuble grevé. Deux situations différentes, comme on le voit, peuvent se présenter : ou le débiteur se conserve l'immeuble, ou il l'a aliéné. Dans le premier cas, le créancier a à la fois contre le débiteur une action personnelle naissant du contrat et une action *in rem*; dans le second, s'il peut toujours actionner *in personam*, le débiteur pourra l'obliger au paiement;

il ne peut intenter l'action *in rem* que contre le détenteur. L'action *in rem*, bien plus avantageuse que l'action *in personam* puisqu'elle dispense le créancier d'établir tout rapport direct entre lui et le détenteur, remonte
à des temps assez reculés; elle fut introduite par imitation de l'action Servienne, d'où le nom qu'elle prit et
qu'elle retint, d'action quasi-Servienne ou hypothécaire.
— L'action Servienne fut établie par un Préteur du
temps de Cicéron, nommé Servius, en faveur du bailleur d'un fonds rural, relativement aux choses engagées
par le fermier pour sûreté du fermage. Cette action était
accordée au bailleur contre tout détenteur; elle avait eu
pour objet de réprimer les fraudes des fermiers qui
pouvaient, en simulant des actes de vente avec des tiers,
faire disparaître les garanties qu'ils avaient données au
bailleur.

L'action quasi-Servienne était inutile au créancier
qui se trouvait en possession; il pouvait se défendre par
l'exception *si non pignori hypothecæ ve nomine res sit
obligata;* il pouvait en outre intenter les actions possessoires. Ce n'est que tout autant que le créancier gagiste
a perdu la possession qui lui a été donnée, et qu'il n'est
plus dans le délai voulu pour intenter les interdits,
qu'il serait apte à se prévaloir de l'action Servienne. Remarquons même que dans ce cas, il pourrait l'intenter
quoique la dette ne soit pas encore échue. (Loi 5, *qui-
bus mod. pig. sol.*) Le créancier hypothécaire, au contraire, a toujours intérêt à l'intenter, et il ne peut l'intenter qu'après l'échéance de la dette, parce que c'est
précisément le défaut de paiement par le débiteur,
qui amène l'ouverture du droit hypothécaire.

Le créancier qui intente l'action hypothécaire doit

établir l'existence de sa créance, le fait de la constitution d'hypothèque, et, en outre, lorsqu'il agit contre
un tiers autre que le débiteur, le fait que l'immeuble
était dans les biens du débiteur à l'époque de la constitution. Mais cette dernière preuve devient inutile
lorsque le débiteur avait consenti une hypothèque générale de ses biens présents et à venir; qu'importe,
dans ce cas, que le fonds fût déjà en la possession du
débiteur à l'époque de la constitution, ou qu'il l'ait acquis depuis. Le droit du créancier n'est pas modifié par
cette circonstance.

Le défendeur à l'action hypothécaire est le possesseur,
quel qu'il soit, du gage. Le possesseur peut être le
débiteur ou son héritier ; il peut être un tiers acquéreur ; il peut être un créancier postérieur en date au
créancier demandeur, et qui doit, par conséquent, être
prim*é* par lui. — On conçoit que l'action hypothécaire
ne puisse être intentée que contre le détenteur, puisqu'elle n'a pas pour objet direct et immédiat d'obtenir le
paiement, mais bien d'attribuer la possession au demandeur, ou au moins de faire reconnaître son *jus in re*,
et de lui permettre de la vendre, pour se payer sur
le prix, de préférence à toutes autres personnes. Lors
donc que l'action hypothécaire est intentée, le premier
devoir du juge est d'examiner si le défendeur est ou
non en possession. S'il ne possède pas, il doit être absous, pourvu que ce ne soit pas par son dol qu'il ait
cessé de posséder (loi 16, *de Pign. et Hyp.*). Il est reconnu qu'il possède, quelle sera la marche que suivra
l'instance? C'est ici qu'il importe de rappeler brièvement
quelques grands principes des Romains sur les actions,
et en particulier sur les actions *in rem*.

Tout le temps que la procédure formulaire fut en vigueur à Rome, et on sait qu'elle se maintint pendant toute cette longue période qui s'étend de Cicéron à Constantin, et même qu'elle laisse après elle de nombreuses traces de son passage ; pendant tout ce temps, dis-je, l'âge d'or de la jurisprudence, il était de principe que toute condamnation étant pécuniaire, devait aboutir à une somme d'argent. Ce principe ne souffrait aucune difficulté lorsqu'il s'agissait d'actions personnelles ; mais il semblait moins facilement applicable aux actions *in rem*, qui ont pour objet la propriété ou ses démembrements. On l'y étendait pourtant par un mécanisme ingénieux. Le juge, avant de prononcer la sentence, rendait au préalable un ordre (*jussus, arbitrium*) par lequel il enjoignait au défendeur de satisfaire le demandeur, dont la prétention était fondée. Si le défendeur exécutait l'*arbitrium*, ou s'il donnait caution de le faire, il était renvoyé absous ; s'il ne satisfaisait pas le demandeur, il était condamné à une somme d'argent fixée par le juge sur le serment fait par le demandeur. — C'est pour ce motif que les actions réelles étaient appelées actions arbitraires (*arbitrium*). Dans cette classe rentrait également l'action hypothécaire, et les mêmes phénomènes se produisaient. Le défendeur, quel qu'il soit, débiteur ou tiers détenteur, ne peut être condamné sans un ordre préalable du juge de satisfaire le demandeur, en délaissant le fonds ou en payant la somme ; et s'il a opté pour un de ces deux partis, il devra être absous. — S'il veut délaisser, mais qu'il ne le puisse pas immédiatement, parce que la chose est éloignée, il donnera caution et il sera absous. — Si, au contraire, il refuse de satisfaire le demandeur, il sera condamné à une somme d'argent réglée sur l'intérêt du demandeur, après serment. — Cette somme, d'après les principes stricts, pouvait, dans tous les cas, soit que l'action ait été formée contre le débiteur lui-même ou contre un tiers détenteur, être plus forte que la somme prêtée. Car, lors même que l'instance se passerait entre le débiteur et le créancier, le refus du débiteur d'obéir au jugement du juge a amené de sa part la naissance d'une nouvelle obligation, l'ancienne dette est novée, le débiteur est obligé, non plus en vertu du titre, mais en vertu de la *litis contestatio.* Quoi d'étonnant qu'il faille une somme plus forte pour acquitter cette obligation que pour acquitter l'ancienne. Néanmoins, les jurisconsultes romains, amis de l'équité, reconnurent que le créancier ne peut avoir d'intérêt au delà de ce qui lui est dû, et qu'il serait injuste de lui accorder davantage. En conséquence, lorsque l'instance sera formée contre le débiteur, la somme à laquelle il peut être condamné ne dépasse pas le montant de la dette et des intérêts ; au contraire, lorsque l'action hypothécaire est formée contre un tiers-détenteur, comme il n'existe entre lui et le créancier aucun lien de droit, faute d'exécuter le *jussus*, il peut être condamné à une somme supérieure au montant de la dette ; mais le débiteur a l'action *pigneraticienne* pour forcer le créancier à lui restituer ce qu'il a reçu en sus, et qui pourra se compenser avec la somme que le débiteur devra au détenteur à titre de garantie. (Dig., l. 21, *de Pign. et Hyp.*

L'action quasi-Servienne, comme l'action Servienne était une action in *factum concepta,* c'est à dire que sous le système formulaire, le Préteur, dans la formule qu'il déclarait aux parties, posait la question aux juges, non pas comme une question de Droit, mais comme une question de fait ; la *demonstratio* et l'*intentio* étaient confondues.

La durée de l'action hypothécaire n'était pas la même lorsqu'elle était intentée contre le débiteur et lorsqu'elle était exercée contre un tiers.

L'action hypothécaire exercée contre le débiteur était inprescriptible, tandis qu'elle se prescrivait par le laps de deux ans, vis à vis des tiers détenteurs, trente ans, d'après une constitution de Théodose le jeune.

On a donné de cette différence une raison historique. Dans le contrat de fiducie, il était d'usage que le créancier laissât au débiteur la possession précaire de la chose. Or, un possesseur précaire ne peut jamais prescrire, donc le débiteur était perpétuellement soumis à l'action hypothécaire. Le contrat de fiducie disparut, mais on appliqua ces principes au gage et à l'hypothèque. D'ailleurs, à cette époque, la plupart des actions (toutes les actions civiles et plusieurs actions prétoriennes) étaient perpétuelles ; on a voulu déroger à cette règle en faveur des détenteurs, qui inspirent de l'intérêt parce qu'ils peuvent avoir ignoré l'affectation hypothécaire ; mais les mêmes motifs n'existent pas pour étendre ce bienfait au débiteur. Justin modifia cette législation, et par la loi *cum notissimi*, Code de *l'ig. vel quadr. prescrit.*, il décida, tout en maintenant la constitution de Théodose vis à vis des tiers détenteurs, que désormais l'action hypothécaire contre le débiteur s'éteindrait par quarante ans, bien que l'action personnelle se prescrivît par trente. On eut alors cette anomalie d'un droit accessoire survivant au droit principal ; mais on chercha à le justifier en disant que c'est l'obligation civile qui est éteinte par trente

4

ans, l'obligation naturelle subsiste, et cette obligation naturelle pouvant servir de base à une hypothèque, quoi d'étonnant que l'action hypothécaire subsiste encore vis à vis des tiers. L'action hypothécaire s'éteint par trente ans, mais si ce tiers a reçu cet immeuble du débiteur en vertu d'un titre translatif de propriété et de bonne foi, c'est à dire ignorant les charges qui le grevaient, il en acquiert la propriété libre et franche par le délai voulu pour l'usucapion : deux ans, dans l'ancien Droit, pour les fonds situés en Italie; dix et vingt ans, sous Justinien.

Avant Justinien, lorsque l'immeuble hypothéqué avait été aliéné à un tiers, le créancier avait le choix d'attaquer le débiteur ou ses héritiers par l'action personnelle, ou le tiers-détenteur par l'action hypothécaire. — Il pouvait actionner indifféremment l'un ou l'autre; de même qu'en matière de fidéjussion, rien ne l'obligeait à poursuivre le débiteur principal avant le fidéjusseur.

Justinien, par une constitution célèbre (Nov. 4, const. 2), établit ou plutôt fit revivre un bénéfice qui paraît avoir existé autrefois, en vertu duquel le créancier, soit dans le cas de constitution d'hypothèque, soit dans le cas de fidéjussion, devait préalablement discuter les biens du débiteur avant de poursuivre le détenteur ou le fidéjusseur, sous peine d'être repoussé par une exception que les commentateurs ont appelé exception d'ordre et de discussion. Ce n'est pas qu'avant cette novelle on ne pût recourir à ce bénéfice, mais il fallait qu'une clause spéciale eût été faite à cet égard. — C'était devant le Préteur, au moment où se débattait la formule, que le détenteur devait opposer cette exception, qui devait y être insérée après l'*intentio*. — Le détenteur qui ne l'opposait pas à ce moment, était déchu du droit de s'en prévaloir plus tard, il était censé y renoncer tacitement, il pouvait y renoncer également à l'avance, avant toute poursuite. — Mais pour que le détenteur jouisse de ce bénéfice, il fallait une condition essentielle : c'est que le fonds dont il était en possession n'eût pas été spécialement hypothéqué à la dette. Dans ce cas, en effet, c'eût été une dérogation aux principes de l'hypothèque, que d'obliger le créancier à exercer une action personnelle; tandis que son intention, en se faisant consentir une hypothèque sur tel ou tel immeuble déterminé, avait été d'acquérir une plus grande sûreté, de substituer un *jus in re* au *jus in personam*, d'établir un lien de droit non pas entre lui et telle personne déterminée, mais entre lui et tel immeuble qu'il pouvait suivre entre quelques mains que ce soit.

Le créancier ne doit pas s'enrichir aux dépens du détenteur, par conséquent, il doit reprendre l'immeuble dans l'état où il se trouvait à l'époque de la constitution d'hypothèque; il ne doit pas profiter des accroissements et améliorations résultant de l'industrie ou de l'activité du détenteur, et il est tenu de rembourser les impenses utiles jusqu'à concurrence de la plus-value procurée au fonds. *Recepturum sumptus quatenùs res pretos facta est* (loi 20, § 2, *de Pign. et Hyp.*).

Lorsque le créancier a à la fois une hypothèque générale et une hypothèque spéciale, le tiers-détenteur a une exception pour obliger le créancier à attaquer d'abord les biens qui lui ont été spécialement hypothéqués. (C. 8, 14, const. 2).

Si le créancier est devenu héritier du débiteur, le tiers-détenteur auquel ce débiteur aurait vendu l'immeuble pourrait opposer au créancier, s'il était inquiété par lui, l'exception de garantie : *quem de evictione tenet actio eumdem agentem repellit exceptio.*

Les Romains ne connaissaient pas la purge des hypothèques, c'est à dire ce moyen à l'aide duquel l'action réelle hypothécaire intentée contre le tiers-détenteur, est convertie en une action personnelle sur le prix de l'immeuble. C'était au moyen d'un mécanisme ingénieux qu'ils protégeaient le tiers-acquéreur contre les résultats fâcheux de l'action hypothécaire ; cet acquéreur avait l'option ou de délaisser l'immeuble ou de payer le montant intégral de la créance. S'il délaissait, il n'avait qu'un recours souvent illusoire contre le débiteur, presque toujours insolvable. Si, au contraire, il désintéressait le créancier, il pouvait faire avec lui des conventions qui amélioraient son sort : il pouvait convenir particulièrement qu'il lui céderait ses droits; que la somme par lui donnée serait réputée consacrée plutôt à acheter au créancier ses droits qu'à le satisfaire. De cette manière, l'action quasi-Servienne continuait de subsister entre ses mains ; il pouvait l'utiliser, soit contre le débiteur, soit contre ses créanciers, jusqu'à concurrence de la somme par lui déboursée; il pouvait même, lorsque le créancier avait une hypothèque générale, exercer cette action en vertu de la cession sur les autres biens du débiteur, et se faire payer par préférence aux créanciers postérieurs. — Pour que cette cession fût valable, il fallait que le paiement intervînt en même temps que la cession : si la cession, en effet, était postérieure au paiement, le paiement étant un mode d'extinction des obligations, le droit du créancier se trouverait éteint ; comment donc pourrait-il transmettre un droit qui n'existerait plus ? En outre, l'acquéreur, en intentant l'action quasi-Servienne contre le débiteur ou sa caution, n'était pas censé agir de son propre chef, il était même impossible qu'il agît ainsi ; car le lien qui unissait le créancier au débiteur était un lien *personnel* qui ne pouvait être transmis à autrui, qui devait disparaître par un changement quelconque de personnes ; cet acquéreur n'agissait que comme mandataire du créancier ; mais au lieu d'être mandataire pour le compte d'autrui, il était mandataire pour son propre compte, *procurator in rem suam* ; il n'était donc pas tenu de rendre compte de ses opérations, de lui communiquer le profit. Ce mandat était irrévocable et ne s'éteignait pas par la mort du mandant.

Une loi 6, au Code, de *Renuntiatione pigneris*, introduisit un autre avantage en faveur du tiers-acquéreur de l'immeuble hypothéqué. Cette loi portait que lorsque les créanciers avaient été avertis du contrat de vente fait par leur débiteur, par la publicité donnée à ce contrat, s'ils n'exerçaient pas l'action hypothécaire aussitôt, ils étaient censés y renoncer. Cette présomption était même de celles que les commentateurs ont appelée *juris et de juris*, et ne pouvait être combattue par la preuve contraire.

Outre l'action hypothécaire directe, l'équité avait fait établir, par analogie, une action hypothécaire utile lorsque l'hypothèque manquait de quelques-unes des conditions nécessaires pour sa constitution. Nous avons eu occasion d'en parler dans plusieurs circonstances : nous avons dit notamment, que lorsque l'hypothèque avait été consentie sur la chose d'autrui, bien que nulle en principe, elle pouvait valoir dans certaines circonstances : lorsqu'elle était ratifiée par le propriétaire, ou lorsqu'il s'opérait une confusion dans la personne du constituant et du propriétaire. Dans ces divers cas et quelques autres semblables, le créancier intentait l'action hypothécaire utile qui, du reste, produisait à peu près les mêmes effets que l'action directe.

L'action hypothécaire produit d'ordinaire trois résultats pour le créancier qui l'intente : le droit d'obtenir la possession, le droit de vendre la chose, le droit de se payer sur le prix de préférence à tous autres créanciers. De ces trois avantages, les deux derniers sont toujours implicitement renfermés dans l'action hypothécaire. Mais quant au premier, le droit d'obtenir la possession, le créancier peut se dispenser de le demander : c'est le préliminaire le plus fréquent, mais non pas indispensable de la vente ; et pourvu que le détenteur reconnaisse le droit réel du créancier, ce dernier pourra procéder à la vente du fonds, but essentiel de l'action hypothécaire.

2° *Vente de l'objet hypothéqué.* — Le droit de faire vendre la chose du débiteur, faute de paiement à l'échéance, n'est pas, dans la législation romaine, comme dans notre législation, la conséquence du titre même de créancier, c'est un droit spécial au créancier gagiste ou hypothécaire. Ce qui le prouve, c'est que pendant longtemps le créancier dont la créance n'était pas garantie par une hypothèque, n'eut que des voies d'exécution sur la personne du débiteur. Plus tard, il est vrai, le Droit prétorien introduisit un mode d'exécution sur les biens du débiteur, par lequel on arrivait à la vente de ces biens, mais par des voies toutes différenles des voies ordinaires. Il fallait laisser écouler certains délai, observer certaines formalités, s'adresser au Préteur, obtenir l'envoi en possession; la vente devait comprendre tout le patrimoine; l'acquéreur n'était pas un acheteur ordinaire, il était censé succéder à l'universalité des biens du débiteur, succéder à sa personne même, sauf la faculté qu'il avait de faire réduire, par une clause de l'acte de vente, toutes les créances dans une certaine proportion. Cet état de choses ne fut changé que sous Dioclétien, qui accorda au créancier le droit d'obtenir du juge l'envoi en possession pour certains biens seulement, et de se faire autoriser à les vendre séparément.—Jusque-là, il est donc vrai de dire que le droit de vendre, d'exproprier directement le débiteur ne semblait réservé qu'au créancier hypothécaire, puisque la vente faite par le créancier chirographaire produisait des effets tout à fait différents.

Ce droit de vente, nous l'avons dit, n'existait d'abord que lorsqu'il y avait une clause formelle à cet égard; plus tard, il fut toujours sous entendu; néanmoins, l'usage se maintint d'inscrire dans la convention d'hypothèque le pacte *vendendo*, parce qu'au moyen de ce pacte, les parties pouvaient insérer dans la vente telles modifications qu'elles voulaient et imposer telle ou telle formalité. Le pacte *vendendo* avait, en outre, un grand avantage pour le créancier : c'est que, lorsque le débiteur le lui avait accordé, il pouvait procéder à la vente aussitôt après l'échéance de la dette; tandis que s'il n'existait pas, la vente ne pouvait avoir lieu qu'après une dénonciation préalable faite au débiteur, pour qu'il ne soit pas dépouillé à son insu et que son insolvabilité soit bien constatée. Dans l'ancien Droit, la vente

devait même, lorsque le pacte *vendendo* n'était pas intervenu, être précédée de trois dénonciations (Sent.,
Paul, II, 5). Justinien en réduisit le nombre à une,
mais il imposa le délai de deux ans entre la dénonciation et la vente. (Code. 8, 34, 3, *de jure dmini. impet.*)
La nécessité des trois dénonciations fut toutefois main-
tenue lorsqu'on avait inséré dans la convention le pacte
ne vendere liceat. Dans ce cas, c'est un point controversé de savoir si le délai de deux ans courait à partir
de la première dénonciation ou seulement à partir de la
troisième.

Tant que la vente n'est pas consommée, le débiteur
peut dégager son fonds en payant ; il aurait encore cette
faculté, lorsque la vente a eu lieu irrégulièrement, soit
avant l'échéance, soit au mépris de quelqu'une des formalités. Mais une fois la vente consommée régulièrement, le débiteur ne peut plus arrêter les effets de cette
vente en offrant de payer. Il en serait toutefois autrement, dans quelques cas exceptionnels, si le débiteur
était un mineur de vingt-cinq ans : il aurait le bénéfice
de la *restitutio in integrum* contre cette vente ; si le créancier avait convenu avec l'acquéreur qu'il lui serait permis de recouvrer la chose en rendant l'argent : le débiteur qui offrirait de payer le créancier après la vente
consommée, aurait une action contre le créancier pour
le forcer à lui céder son action à l'encontre de l'acquéreur.

Le débiteur ne peut pas acheter du créancier son
fonds hypothéqué, car on ne peut pas acheter sa propre chose : cet achat ne produirait aucun effet. En effet, de trois hypothèses l'une : ou bien il m'a donné un
prix égal au montant de la dette : qui ne voit que c'est

alors un paiement intégral sous forme d'achat ; ou bien, le prix offert est supérieur à la dette, auquel cas il se trouverait toujours libéré par le paiement de la dette, et aurait même l'action *pigneraticienne* directe pour se faire rendre l'excédant, s'il avait payé ; ou, enfin, il a acquis sa chose pour un prix inférieur au montant de la dette, et dans ce cas, il serait censé n'avoir fait qu'un paiement partiel : l'hypothèque subsisterait tout entière en vertu de son indivisibilité, et le créancier pourrait retenir la possession de la chose, dans le cas où il l'aurait.

Le créancier doit subroger l'acheteur à son lieu et place ; s'il a la possession, il doit la lui transférer ; s'il ne l'a pas, il doit lui céder les actions à l'effet de l'obtenir. Le droit du débiteur sur la chose est éteint, et la propriété passe à l'acheteur, du moment que la tradition a eu lieu. Si le prix suffit à désintéresser intégralement le créancier, la dette est éteinte ; si le prix est insuffisant, le débiteur reste toujours obligé pour le surplus ; si, au contraire, le prix excède la valeur de la dette, le créancier est tenu, par l'action *pigneraticienne* de restituer l'excédant au débiteur ou au créancier suivant. La dette subsisterait encore, lors même que le prix serait plus que suffisant pour désintéresser le créancier, si, par hasard, l'acquéreur se trouvait insolvable.

Si le fonds donné en hypothèque au créancier, et qu'il a vendu, appartenait à autrui, vis à vis du créancier la dette n'en serait pas moins éteinte, mais le débiteur resterait toujours obligé vis à vis du propriétaire ; et si ce dernier venait à évincer l'acquéreur, ce serait contre lui et non contre le créancier vendeur que cet acquéreur aurait le recours en garantie.

Le lien de dépendance qui unit le débiteur au créancier avait fait craindre aux jurisconsultes romains que le créancier n'abusât de sa position pour imposer des conditions onéreuses au débiteur, qui y souscrirait avec d'autant moins de difficulté qu'il aurait plus besoin d'argent ; aussi, en matière d'hypothèque, avaient-ils prohibé la *lex commissaria*, convention par laquelle, faute de paiement, dans un certain délai, la chose engagée pouvait, sans aucune vente, devenir la propriété du créancier. C'est une raison analogue qui faisait décider au jurisconsulte Paul (Sent. II, 13) que le créancier ne pouvait acheter le fonds du débiteur sans son consentement.

Lorsque le fonds hypothéqué était mis en vente par le créancier, s'il ne se présentait aucun acquéreur, le créancier, dans l'ancien Droit, faisait procéder à une vente publique, *proscriptio publica*, annoncée par affiches, après laquelle, si personne ne mettait aux enchères, il en acquérait la propriété, sauf le droit du débiteur de le dégager pendant un an. Sous l'empire, lorsqu'il ne se présentait aucun acquéreur, le créancier pouvait s'adresser directement à l'empereur, à l'effet de se faire adjuger par lui la propriété. Justinien réglementa ce mode de procéder ; la demande à l'empereur devait être précédée d'une sommation au débiteur, l'estimation est faite judiciairement ; et lorsque le créancier a été mis en possession par rescrit du prince, le débiteur conserve encore pendant deux ans la faculté de reprendre la propriété de son héritage en satisfaisant le créancier.

Le droit de vendre la chose hypothéquée faute de paiement étant dans l'intérêt du créancier, il est libre de vendre ou de ne pas vendre ; toutefois, les jurisconsultes

avaient fait à ce sujet une précision : il peut arriver que
la chose soit sujette à éprouver des variations de valeur.
Si elle est vendue au moment même de l'échéance de la
dette, le prix sera plus que suffisant pour désintéresser
le créancier, tandis qu'il est à craindre qu'elle ne vienne
depuis à diminuer ; dans ce cas, on admettait que le débiteur pouvait demander qu'il fût procédé à la vente ; et
si le créancier refusait de l'opérer, le débiteur pouvait la
vendre lui-même, en donnant préalablement ou créancier caution de le payer, avec le prix qu'il recevrait.

SECTION II.

Effets du droit d'hypothèque entre les créanciers.

Nous avons jusqu'ici raisonné dans l'hypothèse la
plus simple : celle où le débiteur n'a concédé qu'un seul
droit de gage ou d'hypothèque. Nous avons à examiner
le cas si fréquent où plusieurs créanciers concourent sur
la même chose ou le même patrimoine. Tout l'intérêt de
cette matière se porte sur la question de savoir quel est
le rang qu'il faut établir entre ces divers créanciers,
quelles sont les bases d'après lesquelles se déterminera
la préférence. En effet, l'hypothèque n'est avantageuse
au créancier qu'en ce qu'elle lui confère des droits qui
n'appartiennent pas à la masse des créanciers ordinaires, notamment le droit de suivre la chose dans quelques
mains qu'elle passe, le droit de se payer sur le prix antérieurement à toutes autres personnes. Mais ces avantages deviendraient tout à fait illusoires si le débiteur
pouvait, en multipliant indéfiniment le nombre des hypothèques qu'il consent, donner des droits aussi étendus à

tels et tels de ses créanciers qu'à tels et tels autres.
L'hypothèque exclut donc en principe, par sa nature
même, l'idée de concours entre les créanciers, et suppose
des causes de priorité entre eux. Celui qui est préféré aux
autres, est censé seul créancier par rapport au débiteur.
Non-seulement il sera payé sur le prix de l'objet avant
les créanciers, mais encore il pourra seul intenter l'action hypothécaire. Il pourra seul aliéner valablement ;
il a, contre les créanciers qui seraient en possession, les
mêmes droits que contre les tiers-acquéreurs ; il peut les
forcer à délaisser ou à payer. Tant qu'il n'est pas entièrement désintéressé, les créanciers ne peuvent pas valablement aliéner, à moins qu'il n'y consente, ni le forcer lui-même à intenter l'action hypothécaire, ni l'empêcher même d'anéantir leur droit en vendant la chose
et en consacrant le prix tout entier à l'acquit de sa dette ;
le seul droit qu'ils aient, n'est de lui demander ce qui
reste du prix, dans le cas où il excèderait le montant de
sa dette. — Si tels sont les avantages que confère la priorité, on voit combien il importe de poser les règles d'a-
près lesquelles est établi le rang des créanciers hypothécaires entre eux.

Potior tempore, potior jure. — Le principe général, en
matière de préférence entre créanciers hypothécaires,
est que la plus ancienne hypothèque est préférée à la
plus récente ; *potior tempore, potior jure* ; c'est donc par
la date du titre et non par la possession de l'objet que se
détermine le rang ; il importe peu que le créancier antérieur soit ou non nanti de l'objet. Cette règle est logique : une personne ne peut transférer à autrui plus de
droits qu'elle n'en a elle-même. Si un débiteur s'est
dépouillé d'une partie de ses droits en hypothéquant

son fonds à un créancier, il ne peut plus, par une convention postérieure avec un second créancier, revenir
sur l'acte antérieur, conférer des droits dont il s'est déjà
privé volontairement. Si le fonds est grevé d'une seconde hypothèque, ce fonds ne répondra du paiement
de la seconde dette qu'à concurrence de ce qui excèdera
le montant de la dette du premier créancier. Pour fixer
la date et par suite le rang d'une hypothèque, ce n'est
pas au moment où est née la créance qu'il faut se reporter, mais bien à celui où a été formée la convention d'hypothèque. Ainsi, une créance peut être primée par une
créance postérieure en date, si l'hypothèque qui garantit la
dernière créance est antérieure à l'hypothèque de la première; mais c'est là la seule condition nécessaire, et on
n'a pas à se préoccuper de savoir si l'hypothèque a été
consentie purement et simplement, à terme ou sous condition. Ainsi, je conviens avec mon débiteur que ma
créance sera garantie par une hypothèque à partir du
mois prochain; avant ce terme, le débiteur en consent une
autre à un de ses créanciers; je n'en serai pas moins le
premier (l. 12, § 2, *qui potior*, Dig.). De même, si la convention d'hypothèque a été faite sous condition, par
exemple, *si navis ex Asia venerit*, encore qu'une ou plusieurs hypothèques aient été consenties par le débiteur
envers d'autres créanciers avant l'échéance de la condition, si la condition se réalise, l'hypothèque conditionnelle, vu l'effet rétroactif de la condition, aura la préférence.

Lorsqu'une hypothèque a été consentie pour un prêt
non encore réalisé, mais à effectuer dans un certain délai, l'hypothèque consentie par le débiteur en faveur
d'un autre créancier, avant la numération des espèces,

primera la première hypothèque qui ne conférait que des droits éventuels, jusqu'au moment de la numération des espèces. Ainsi, Titius a concédé une hypothèque, sur le fonds Cornelius, à Seius, à condition qu'il lui prêterait 1,000 francs dans trois mois ; avant l'échéance des trois mois, Titius concède une nouvelle hypothèque à Mœvius, sur le même fonds, pour une somme qu'il en reçoit immédiatement : l'hypothèque de Mœvius est préférable à celle de Seius. Il en est tout autrement lorsque l'obligation est déjà née et que le paiement de la somme a eu lieu à différentes époques. Ainsi, quelqu'un promet une dot pour une femme, et il a soin de stipuler du mari la restitution de cette dot en cas de prédécès de la femme ; pour assurer cette restitution, il se fait, en même temps, concéder une hypothèque par le mari ; puis il compte une partie de la somme promise en dot ; peu de temps après, le mari contracte des emprunts et consent des hypothèques ; enfin, il reçoit le restant de la dot. Quoique le paiement eût été ainsi fractionné , l'hypothèque du constituant de la dot primerait, pour la totalité de la somme, toutes les hypothèques consenties par le mari. (Dig., loi 1, *qui potior*.)

Le créancier antérieur en date à qui le créancier subséquent veut enlever la chose hypothéquée, a contre lui l'exception : *si non mihi ante pignori hypothecæ ve nomine sit res obligata* ; si le créancier subséquent est en possession, le premier créancier peut intenter contre lui l'action quasi-Servienne , et si celui-ci lui oppose une exception tirée de ce que la chose lui est également hypothéquée : *si non mihi pignori*, etc., le premier triomphera de cette exception en lui opposant la réplique : *si non mihi ante*, etc.

L'hypothèque générale prime l'hypothèque spéciale qui lui est postérieure. Ainsi, j'ai consenti en faveur de *Primus* une hypothèque générale sur tous mes biens; je concède plus tard à *Secundus* une hypothèque spéciale sur le fonds Cornélien. *Primus* a le droit d'exercer l'action hypothécaire sur le fonds Cornélien et d'anéantir la sûreté de *Secundus*, lors même que les autres biens du débiteur auraient été plus que suffisants pour le désintéresser. *Secundus* ne pourrait éviter ce résultat fâcheux qu'en usant d'un droit dont nous allons parler bientôt : du *jus offerendæ pecuniæ*.

Quoique la préférence soit fixée d'après la date des hypothèques, le fait de la possession n'était pas toujours sans influence : ainsi, lorsque plusieurs hypothèques ont la même date, la préférence est accordée au créancier qui se trouvait en possession; s'il est attaqué, il se défendra par l'exception *si nus mihi quoque pighori*, etc., sans que celui qui l'attaque puisse opposer l'exception d'antériorité de sa créance. Toutefois, il n'en est ainsi qu'autant que la chose engagée en même temps à plusieurs créanciers, a été obligée à chacun d'eux pour la totalité; alors chacun peut intenter l'action Servienne pour la totalité contre le tiers; mais entre eux la condition du possesseur est préférable. Si au contraire, il avait été entendu que les choses seraient engagées à chacun par parties, chaque créancier aura et contre l'autre créancier et contre les tiers, l'action Servienne utile, par laquelle chacun obtiendra la possession d'une part équivalente à sa créance. (Loi 10, *de Pign. et Hyp.*)

Lorsque les hypothèques ont la même date et qu'aucun des créanciers n'est en possession, la position de tous est égale; ils doivent venir par concurrence, ils doivent se répartir le prix du fonds à proportion du montant de leurs créances.

Un individu a contracté différents engagements envers plusieurs créanciers, en différents temps, sous l'hypothèque de ses biens présents et à venir, et ensuite il a acquis un certain héritage. On pourrait croire que ces créanciers auraient le droit de venir par concurrence, parce qu'ils ont tous acquis leur hypothèque sur cet héritage au même temps, savoir le moment même de l'acquisition faite par le débiteur; mais l'opinion contraire nous paraît préférable; il faut suivre l'ordre des dates, par la raison que le débiteur, en contractant sous l'hypothèque de ses biens à venir, s'est interdit le pouvoir de les hypothéquer à d'autres au préjudice des premiers; par conséquent, quoique les créanciers acquièrent leur droit en même temps, le premier créancier est préférable au second, le second au troisième, etc., parce que le second créancier n'a pu acquérir de droits que sur ce qui restait de biens, le premier une fois payé; de même du troisième, et ainsi de suite.

La règle *potior tempore, potior jure*, reçoit plusieurs exceptions. Il est d'abord manifeste que lorsqu'un créancier hypothécaire a concédé à son propre créancier hypothèque sur le fonds à lui hypothéqué, le second créancier ou créancier sous-gagiste, quoique postérieur en date, doit passer avant le premier, qui lui a cédé son droit, — Le second créancier est préférable au premier, lorsque l'argent qu'il a prêté au débiteur a été dépensé pour conserver la chose ou le fonds hypothéqué; par exemple, pour réparer un navire, pour sauver des marchandises; parce que alors, sans l'argent de ce créancier, le gage aurait péri pour tous. — Quant aux créanciers dont l'argent a été consacré à reconstruire la maison du débiteur commun, il a, d'après un sénatus-consulte rendu sous Marc-Aurèle, une hypothèque tacite privilégiée. — Une importante dérogation à la règle de la préférence des hypothèques d'après leur date, est celle qui résulte de la constitution de l'empereur Léon dont nous avons parlé, d'après laquelle l'hypothèque appuyée sur un acte public ou un acte privé, signé par trois hommes honorables, l'emportait sur toute hypothèque qui n'était pas revêtue de ces formalités. — Il ne rentre pas dans le cadre de notre travail de parler des hypothèques privilégiées, telles que celles de la femme mariée, du fisc, pour lesquelles la préférence repose sur d'autres considérations.

De la subrogation ou du jus offerendæ pecuniæ.— L'exercice de l'action hypothécaire, qui appartient exclusivement au premier créancier, peut occasionner un grave préjudice aux créanciers postérieurs, qui pourraient voir par là disparaître le gage affecté à leur créance; ils on donc intérêt à écarter le créancier antérieur et à se mettre à son lieu et place. La jurisprudence romaine leur en fournit plusieurs moyens.

Toute personne peut payer la dette d'autrui, et lorsque le paiement a eu lieu, elle a un recours contre le débiteur; mais ce recours lui est bien plus avantageux lorsqu'elle peut utiliser contre le débiteur les droits et actions qu'avait le créancier désintéressé. En conséquence, il arrivait souvent que le tiers, au moment même où il payait le créancier, convenait avec lui qu'il prendrait son lieu et place, et pourrait agir comme *procurator in rem suam* contre le débiteur. L'argent qu'il donnait était censé affecté plutôt à l'acquisition de ses droits qu'à l'extinction de la dette; il fallait que cette convention eût lieu en même temps que le paiement, parce que le paiement éteignant la dette, le créancier ne pouvait plus transférer des droits qui se sont éteints.

Eh bien, lorsque la dette au lieu d'être payée par un tiers étranger, l'est par un créancier postérieur, la loi romaine suppose qu'une pareille convention est toujours intervenue tacitement entre le créancier désintéressé et le créancier postérieur, sans qu'il soit nécessaire d'exiger un consentement formel du créancier qu'on veut écarter, à l'insu et même contre le gré du débiteur. Cette subrogation légale commandée par des motifs d'équité pour le second créancier, et qui porte, en Droit romain, le nom de *jus offerendæ pecuniæ*, ne porte aucun préjudice au créancier qu'on écarte ; car cette subrogation n'a lieu qu'autant qu'il est désintéressé intégralement ; s'il n'a reçu qu'un paiement partiel, il continue de primer le créancier postérieur pour le restant de la somme ; bien plus, à cause du caractère d'indivisibilité de l'hypothèque, il peut exercer l'action hypothécaire pour le tout, comme s'il n'avait rien reçu. Mais lorsque le créancier est désintéressé en totalité, il n'a plus d'intérêt à vouloir rester créancier hypothécaire ; et s'il voulait se prévaloir encore de cette qualité contre le créancier postérieur, il pourrait être repoussé par l'exception de dol. — Si plusieurs créanciers paient en même temps le créancier antérieur, ils sont tous subrogés concurremment aux droits du créancier désintéressé, et ils se paieraient sur le prix de la chose, en proportion chacun de leurs créances. — Le *jus offerendæ pecuniæ* ne peut plus être exercé lorsque la chose a été vendue par le premier créancier ; si, au contraire, l'aliénation avait été faite par le débiteur qui aurait consacré le prix d'acquisition à payer le premier créancier, le second pourra offrir à l'acheteur de lui rembourser le prix jusqu'à concurrence de la somme qui a été employée à l'acquit de la première créance, et il pourra alors exercer les droits de suite et de préférence qui eussent appartenu au premier créancier. (Dig., l. 3, de *Distr. Pign.*) — Lorsque le créancier désintéresse celui qui le précède immédiatement, il prend sa place tant pour la somme qu'il a déboursée à cet effet, que pour sa propre créance. Lorsque, au contraire, entre le créancier qu'il a payé et lui se trouvent des créanciers intermédiaires, il n'est subrogé au premier créancier que jusqu'à concurrence de la somme qu'il a déboursée à cet effet; pour tout l'excédant, les créanciers intermédiaires continuent de le primer. (Loi. 16, Dig., *qui potior.*)

Quelques auteurs ont douté que le créancier antérieur pût écarter le créancier postérieur en le remboursant. Cette opinion est contraire au texte de Paul, Sent. ii, 13: *prior creditor secundum creditorem dimittere non prohibetur, quanquam ipse pignore potior sit.* C'était même le seul moyen qu'avait le créancier antérieur qui se trouvait déjà en possession, et qui préférait la conserver que recevoir son remboursement, pour écarter l'action du second créancier exerçant le *jus offerendæ pecuniæ.*

Au lieu de payer directement avant l'aliénation le créancier qui lui est préférable, le créancier postérieur peut acheter le fonds et consacrer le prix à le désintéresser; il sera encore subrogé immédiatement de plein droit au rang et aux actions de ce premier créancier postérieur, encore que le créancier ait été désintéressé en totalité. Si le premier créancier avait une hypothèque générale et que le créancier acquéreur ait été obligé de payer au-delà du prix pour le satisfaire, il pourra utiliser cette hypothèque générale à l'encontre des autres créanciers, pour se faire indemniser sur les autres biens du débiteur. Une situation assez délicate peut se présenter : *Primus* et *Secundus* ont une hypothèque sur le même fonds; le fonds Cornélien. *Secundus* achète le fonds et désintéresse *Primus :* il est subrogé à ses droits à l'encontre du débiteur et des autres créanciers; mais par suite de la confusion, il ne peut plus utiliser son hypothèque sur le fonds Cornélien. Avant que *Secundus* eût acheté le fonds, le débiteur avait concédé une hypothèque sur le même objet à *Tertius;* tant que *Secundus* n'est pas devenu propriétaire, il n'a pas à craindre l'action hypothécaire de *Tertius;* celui-ci le repousserait par l'exception d'antériorité. Mais à peine la propriété est-elle transférée, que *Tertius* se présente et somme *Secundus* de délaisser, parce que la confusion ayant éteint le droit qu'il avait sur le fonds, il n'est plus qu'un détenteur ordinaire vis à vis de lui. Des auteurs judicieux, Barthole notamment, renchérissant sur la rigueur des principes, prétendent que *Secundus* n'aurait rien à répondre à ce raisonnement, *obligatio semel extincta non reviviscit.* *Secundus*, selon nous, pourra faire une réponse péremptoire à la demande de *Tertius* : Sans doute, lui dira-t-il, mon obligation et par suite mon hypothèque se sont éteintes par confusion, mais je n'ai consenti à voir éteindre mon droit, que sous la condition tacite de devenir propriétaire incommutable du bien que j'acquerrais. Cette condition ne se réalise pas; je me vois inquiété dans ma propriété, il est donc juste que je rentre dans le plein exercice de mes droits, que les choses reviennent dans leur premier état; je vais délaisser, si vous voulez, le

fonds Cornelien et le vendre, mais j'aurai droit au prix
jusqu'à concurrence du montant cumulé de la somme
que j'ai payé à *Primus* et de ma propre dette; et quant
à vous, votre droit se réduira à l'excédant.

Le créancier postérieur a encore un autre moyen de
se faire subroger aux droits d'un créancier antérieur :
c'est de prêter des fonds au débiteur pour qu'il puisse
le désintéresser. La subrogation n'a lieu, néanmoins,
qu'autant que l'origine et l'emploi des deniers est bien
prouvée. Ce mode de subrogation peut aussi être employé par des tiers; mais, dans ce cas, il faut qu'il ait
été expressément convenu entre le débiteur et le bailleur de fonds. (Cod., l. 4, *de his qui in primum*, 8, 19).
Il faut, à plus forte raison, que dans les deux cas de subrogation précédente, que le créancier qu'on écarte soit
payé en totalité; car il ne doit pas dépendre du débiteur, en faisant des conventions avec d'autres personnes, de porter préjudice à son créancier, en leur procu-
rant la préférence sur lui. Si plusieurs bailleurs de fonds
se présentent à la fois, leur position à tous est égale; le
débiteur ne peut accorder à l'un de préférence sur un
autre; car il n'exerce aucun droit, il ne fait qu'éteindre des obligations d'une part et en contracter de l'autre.—Dans le cas où le débiteur consent une subrogation
en faveur d'un tiers qui lui a donné des fonds pour payer
le premier créancier, ce tiers se trouvera mis au lieu et
place du créancier désintéressé, en sorte que, quoique
sa dette puisse être de beaucoup postérieure en date à
celle des autres créanciers, il se trouvera passer avant
eux. Ce résultat semble, de prime abord, un peu bizarre.
On conçoit parfaitement qu'un créancier puisse se retirer et céder son rang, les autres créanciers n'ont pas

le droit de se plaindre ; mais il n'est pas aussi naturel de voir un débiteur conférer à un tiers, un droit préférable à ceux qu'il avait antérieurement conférés à des créanciers intermédiaires. Cette anomalie disparaît, si l'on songe que le débiteur en mettant un nouveau créancier à la place de l'ancien, et en lui donnant la préférence sur ces autres, ne cause, en définitive, aucun préjudice à ces derniers, qui devaient s'attendre à être primés par le premier créancier si sa créance n'eût pas été acquittée ; et d'un autre côté, cette subrogation peut être avantageuse au débiteur pour se débarrasser d'un créancier fâcheux, ou pour substituer à une dette lourde une dette plus douce ; une somme prêtée gratuitement ou à intérêts modérés, à une somme prêtée à gros intérêt.

La subrogation ne s'opère de plein droit, comme nous l'avons dit, que dans le cas où le créancier antérieur est indemnisé en totalité par un créancier postérieur. Mais lorsque la subrogation s'opère en vertu de la convention des parties, c'est cette convention qui fait la loi, et rien n'empêche le créancier qui est le premier en date de renoncer à son rang, encore qu'il n'ait reçu qu'une partie du montant de sa créance ; qui l'empêche même d'y renoncer gratuitement, et dans un simple but de générosité, pour le créancier postérieur ? Le créancier pourrait se dépouiller entièrement de son droit d'hypothèque, à plus forte raison doit-il pouvoir se priver volontairement du rang qu'occupait sa créance. On conçoit parfaitement la cession de l'accessoire sans celle du principal, parce que le rang entre créanciers hypothécaires est une chose appréciable et qui n'est nullement indifférente, comme nous l'avons établi. Le créancier au profit de qui la renonciation est faite, vient alors exercer l'action hypothécaire pour sa propre créance, au lieu et place du créancier renonçant, mais seulement dans les limites du droit de celui qu'il remplace. Le premier créancier, ne peut pas l'avantager aux dépens des créanciers intermédiaires; de sorte que si la créance du créancier subrogé montait à une somme plus forte que celle du premier créancier, pour l'excédant de cette somme, le créancier conserverait son ancien rang.

CHAPITRE VII.

Extinction du Droit d'hypothèque.

L'affectation hypothécaire n'étant que l'accessoire d'une créance, doit périr en général avec la créance elle-même; ainsi, les mêmes causes qui éteindront l'obligation principale, feront également disparaître, en général du moins, l'obligation accessoire. Il est, en outre, des causes spéciales d'extinction pour la sûreté hypothécaire. La créance, tout en continuant de subsister, peut perdre, par suite de diverses circonstances, la garantie qu'elle possédait et rentrer dans la classe des créances ordinaires dont elle était sortie.

I. *Extinction de l'obligation principale.* — Le mode générique d'extinction pour toute obligation, c'est le paiement *solutio*, c'est à dire l'exécution même de l'obligation. Mais pour que le paiement éteigne en même temps le droit d'hypothèque, il faut qu'il soit intégral; s'il n'était que partiel, l'hypothèque étant indivisible, continuerait de subsister comme garantie de la somme entière. Il importe peu, du reste, que le paiement soit fait par le débiteur ou par un tiers qui a l'intention de le libérer. — L'obligation peut être dissoute, *ipso jure*, sans paiement, par la volonté des parties ; mais en cette matière, les jurisconsultes avaient émis un principe dominant : de même que le consentement seul des parties ne suffisait pas, le plus souvent, pour créer des obligations, de même, en règle générale, il n'était pas suffisant pour les dissoudre, et l'on disait : *nihil tam naturale ut quam eo genere quidquid dissolvere quo colligatum est.* L'obligation principale, et par suite l'hypothèque, n'étant éteinte qu'autant qu'on a suivi, pour la libération, les mêmes formes que pour son établissement, la simple remise de la dette, quand ces formalités n'avaient pas été observées, laissait vivre l'obligation ; elle fournissait seulement au débiteur une exception par laquelle il faisait rejeter la demande du créancier. On avait toutefois un moyen d'étendre à toutes les obligations un mode d'extinction spécial aux stipulations : c'était l'acceptilation. L'acceptilation consistait dans une interrogation du débiteur ainsi conçue : ce que je t'ai promis, le tiens-tu pour reçu ? et dans la réponse affirmative du créancier, je le tiens pour reçu. Comme on le voit, ce mode d'extinction n'était applicable qu'aux obligations formées *verbis*, mais il était facile de l'appliquer dans tous les cas : il suffisait de convertir en obligation verbale l'obligation qu'il s'agissait d'éteindre, et cette nouvelle obligation, une fois formée, peut se dissoudre par l'acceptilation.

Un autre mode d'extinction des obligations, c'est la novation, c'est à dire la transformation d'une obligation en une obligation nouvelle. La novation peut s'opérer par le changement ou du débiteur ou du créancier ou de la dette seulement ; mais dans ces di-

vers cas, une obligation nouvelle remplace l'obligation
ancienne, et les hypothèques qui garantissaient la première créance, se trouvent éteintes avec elle : toutefois,
pour qu'il en soit ainsi, il faut que la nouvelle obligation subsiste civilement, ou au moins naturellement :
dummodo sequem obligatio aut civiliter teneat aut natura-
liter. (Loi 1, *de Noval.* 46). Tel est le principe général
auquel il peut être apporté des dérogations ; ainsi, lorsque la novation s'opère entre le créancier et le débiteur à qui les biens hypothéqués appartiennent, ils peuvent convenir de faire passer les hypothèques de l'ancienne créance à la nouvelle. Si la novation s'opère par
la substitution d'un nouveau débiteur, nous pensons,
quoique la question soit controversée, que les hypothèques ne peuvent être maintenues, pour garantie de la
nouvelleobligation, sur les biens de l'ancien débiteurpro-
priétaire, qu'avec le consentement de ce débiteur. Ainsi,
Titius s'oblige de me payer une somme d'argent que
vous me devez, avec hypothèque sur votre champ Cornelien ; quoique la novation puisse se faire entre Titius
et moi, sans que vous interveniez à l'acte, et même malgré vous, l'hypothèque qui garantissait ma créance contre vous, ne garantit plus ma créance contre Titius, si
vous, qui êtes propriétaire du fonds Cornelien, ne parti-
cipez à l'acte pour y consentir. Ce résultat, contesté par
des auteurs qui regardent le consentement de l'ancien
débiteur comme superflu, nous paraît manifestement
établi par la loi 30, *de Novationibus,* 46, ainsi conçue : *si*
creditor a Sempronio animo novandi stipulatus esset ita ut
a primâ obligatione in universum discederetur rursùs
easdem res a posteriore debitore, sine consensu debitoris
prioris obligari non posse.

Encore que l'obligation continue d'exister civilement, si elle peut être mise à néant au moyen d'une exception du pacte de remise, de la compensation, etc., l'hypothèque se trouvera également sans effet ; de même, si l'obligation principale est entachée de dol, de violence, encore que la constitution d'hypothèque ne fût entachée d'aucun vice, le débiteur pourrait opposer l'exception de dol à l'exercice de l'action hypothécaire, à moins qu'il ne résultât des circonstances, que la constitution d'hypothéquer ne fût un moyen de ratifier l'obligation vicieuse.

Dans le cas de dation en paiement, c'est à dire lorsque le débiteur paie une chose pour une autre, avec le consentement du créancier, de longues controverses s'étaient élevées entre les Proculéiens et les Sabiniens, pour savoir si l'obligation est dissoute *ipso jure*, ou si le débiteur n'a que le secours d'une exception. L'avis des Sabiniens prévalut, et il fut admis que dans ce cas, comme dans le cas de paiement ordinaire, l'obligation est éteinte *ipso jure*. Mais qu'arrive-il si le créancier hypothécaire est évincé de la chose reçue en paiement ; l'ancienne créance renaît-elle avec son hypothèque ? Il faut distinguer : si la cause d'éviction est postérieure à la dation et volontaire de la part du créancier, les hypothèques éteintes ne revivent pas plus que la créance, *obligatio semel extincta non reviviscit nisi justa causa subsit ;* si la cause d'éviction est antérieure et n'a pas sa source dans un fait volontaire du créancier, l'obligation revit avec ses sûretés, parce que la dation en paiement ne cause pas novation, comme on le prétend ; le créancier en recevant une chose pour une autre, n'a pas eu l'intention de substituer une garantie nouvelle à la garantie hypothécaire ; il espérait trouver, dans ce qu'il recevait,

l'équivalent de ce qu'il avait donné ; son espoir a été
déçu sans qu'il y ait de sa faute ; il faut qu'il rentre dans
la plénitude de ses droits. — La loi 46, Dig., de *Solutio,* vient confirmer cette solution, qui a été pourtant
contestée, *si aliam rem pro alid volenti solverit, et evicta
fuerit res, manet pristina obligatio.* L'action hypothécaire
revit avec tous ses effets, tant contre le détenteur que
contre les créanciers postérieurs.

Nous avons dit que le droit d'hypothèque peut s'é-
teindre indépendamment de l'obligation principale; pas-
sons à l'étude de ces causes spéciales d'extinction.

II. *Renonciation du créancier à l'hypothèque.* — C'est
une question controversée entre les interprètes, de savoir
si la renonciation éteint le droit hypothécaire *ipso jure,*
ou seulement par le secours d'une exception. Cujas
adopte cette dernière opinion. — Quoi qu'il en soit, la
renonciation au droit d'hypothèque peut être expresse ou
tacite. — Lorsque le créancier a déclaré formellement
renoncer à son hypothèque, aucune difficulté ne peut
se présenter ; mais il est moins aisé de s'accorder sur les
circonstances des faits dont on peut induire une renonciation tacite. — La loi romaine voit un cas de renonciation tacite, dans le consentement que donne le
créancier à la vente, à la donation, à l'échange du bien
hypothéqué, sans s'être formellement réservé ses droits
(l. 4, *quid mod. pig.*); la raison en est que le débiteur
pouvant donner, vendre, échanger sans le concours du
créancier, puisque ce dernier est intervenu alors qu'il
n'y était pas obligé, c'est qu'il a voulu affranchir ce bien
de l'hypothèque qui le grevait. Toutefois, si la vente
était nulle ou qu'elle n'eût pas été suivie d'effet, la re-

nonciation à l'hypothèque deviendrait non avenue. — Lorsque la vente est régulière, l'hypothèque se trouve éteinte par le consentement du créancier, alors même que le bien rentrerait de nouveau dans les mains du débiteur par un nouvel achat, parce que l'hypothèque ayant péri d'une manière pleine et entière, ne saurait revivre tacitement sans une convention nouvelle à cet égard. Il n'en était cependant ainsi que vis à vis de l'hypothèque spéciale ; lorsque, en effet, l'hypothèque était générale, embrassant tout le patrimoine, et que le créancier consentait à la vente d'un des immeubles, ce fut longtemps une question controversée entre les jurisconsultes, de savoir si l'hypothèque, à cause de son caractère de généralité, frapperait de nouveau le bien vendu dans le cas où ce bien serait racheté par le débiteur, ou s'il devait désormais en être considéré comme affranchi. Justinien adopta cette dernière opinion, plus favorable aux débiteurs, mais peut-être moins conforme aux principes (loi 11, de Remissione pignoris, Cod.).

Si le créancier, en donnant son consentement à la vente, avait dit qu'elle serait commencée dans un certain délai et qu'elle serait faite pour une certaine somme, il ne perdrait son hypothèque qu'autant que l'aliénation serait faite au temps fixé et aux conditions par lui imposées.

Le consentement du créancier à l'aliénation, peut s'induire du fait que le créancier aurait signé l'acte par lequel le débiteur hypothèque son héritage à une autre personne et le déclare en même temps franc et quitte ; mais le créancier n'est jamais censé avoir consenti à l'aliénation, par cela seul qu'il en avait connaissance.

Le créancier qui consent à ce que le fonds à lui hy-

pothéqué soit hypothéqué à un tiers, renonce-t-il à son
hypothèque ou simplement à son rang? La loi 12, *quib.*
mod., semble trancher la question dans le premier sens :
jus suum remississe videtur; mais d'autres textes sont
moins formels (1); et l'on en peut conclure avec Pothier
et la plupart des commentateurs, qu'il n'y avait pas de
règle fixe à cet égard, qu'il fallait rechercher l'intention des parties et examiner les faits, pour voir si la
renonciation portait sur le droit même ou simplement
sur le rang.

Le plus souvent, lorsque le créancier permet au débiteur d'aliéner le fonds, il exige que le débiteur prenne
l'engagement de le payer avec le prix, et il fait garantir
cet engagement par un ou plusieurs fidéjusseurs ; le
débiteur, pour se mettre en sûreté, doit à son tour
exiger de son acquéreur une caution par laquelle ce
dernier promette de payer au créancier le montant du
prix jusqu'à concurrence de la quotité de la créance.
La renonciation, en effet, de la part du créancier, de
son droit, n'a pas toujours la générosité pour mobile,
elle peut être le résultat d'un calcul intéressé. Les circonstances sont favorables pour vendre le fonds hypothéqué ; mais les acquéreurs se tiennent à l'écart par
la crainte qu'ils ont de l'action hypothécaire. La renonciation du créancier leur enlève ces craintes, et ils sont
bien plus disposés à en donner un prix élevé et qui
suffira pour désintéresser le créancier hypothécaire.

La renonciation à l'hypothèque peut entraîner des
conséquences graves pour le créancier, qui n'a plus

_____

(1) Voir notamment l. 12, § 4, Dig., *qui potior : erit facti quæstio*
agitanda.

qu'un *jus in personam* à la place d'un *jus in re*. Aussi, ceux qui sont incapables ne peuvent pas renoncer. Ainsi, le pupille ne peut pas renoncer à l'hypothèque consentie en sa faveur, sans l'*auctoritas tutoris ;* le mineur de vingt-cinq ans qui y a renoncé sans prendre le consentement du curateur, a le bénéfice de la *restitutio in integram,* s'il est lésé.

III. *Prescription.* — Comme nous l'avons dit, l'action hypothécaire, depuis la constitution *cum notissimi,* s'éteint par trente ans vis à vis des tiers détenteurs ; par quarante ans vis à vis du débiteur. Dans ce dernier cas, comme nous l'avons fait remarquer, le droit accessoire survit à l'extinction du droit principal ; dans le premier cas, au contraire, si l'acquéreur du fonds hypothéqué est de bonne foi et a un juste titre, il acquiert la propriété, il soustrait les biens à l'action hypothécaire par une possession de dix ou vingt ans, bien que l'obligation principale continue de subsister contre le débiteur. Dans ce cas, deux prescriptions distinctes peuvent avoir lieu : la prescription de l'action personnelle contre le débiteur qui ne se prescrit que par trente ans, et l'acquisition par voie de prescription de la propriété libre et franche d'hypothèque, au profit du détenteur, qui s'acquiert par un temps moindre. Cette prescription qui s'accomplit au profit du tiers-détenteur, est régie par les mêmes principes que la prescription qui fait acquérir la chose d'autrui au tiers de bonne foi ; ainsi, elle est interrompue par les mêmes moyens, naturellement, lorsque le tiers-détenteur vient à perdre la possession et qu'il n'a pas intenté l'interdit *unde vi* dans l'année, civilement, dès que les premières pour-

suites sont faites par le créancier; avant Justinien, sous
la procédure formulaire, ce n'était qu'à partir du moment où la *litis contestatio* avait eu lieu.

L'interruption appelée en Droit romain *usurpatio*, rend
inutile la possession antérieure qui ne doit plus compter, lors même que le tiers-détenteur acquerrait de nouveau la possession. — L'interruption de prescription
faite par le créancier contre le tiers-détenteur, n'interrompt pas la prescription de l'action personnelle qui
pourrait courir au profit du débiteur; et réciproquement, l'interruption de prescription de l'action personnelle n'interrompt pas la prescription de l'action hypothécaire, car ce sont deux actions distinctes aboutissant
chacune à des résultats qui peuvent être différents. La
prescription ne court pas à l'égard du créancier impu-
bère, en vertu de la maxime *contra non valentem agere
non curat prescriptionis.* Quant au mineur de vingt-cinq
ans, il aurait le bénéfice de la *restitutio in integrum*,
contre la prescription qui aurait couru à son détriment.
Si l'un des créanciers était incapable et l'autre capable,
le bénéfice de la suspension de prescription serait personnel au créancier incapable, et ne pourrait être invoqué par son cocréancier. — La prescription établie en
faveur du tiers-acheteur court à partir du moment où
sa possession est commencée. A l'égard du débiteur, la
prescription de trente ou de quarante ans commence du
jour de l'échéance de la dette. Si la dette garantie par
une hypothèque était conditionnelle, la prescription ne
courrait que du jour de l'événement de la condition,
non seulement vis à vis du débiteur, mais encore vis à
vis du tiers détenteur.

Lorsque c'est un créancier postérieur qui se trouve en

possession du fonds hypothéqué, l'empereur Justin, tranchant une controverse qui s'était élevée, décide que ce créancier ne peut opposer au créancier antérieur que la prescription de quarante ans, tant que le débiteur commun est vivant, parce qu'il est réputé posséder en son nom. Mais du moment où ce débiteur est mort, le créancier postérieur possède en son nom, il peut opposer la prescription de trente ans, qui courrait du moment du décès (C., 1. 7, § 2, 8, 39).

IV. *Perte de la chose.* — L'hypothèque s'éteint, indépendamment de la créance, quand la chose qui en est affectée cesse d'exister, parce que cette extinction est totale; si elle n'était que partielle, le droit subsisterait toujours sur la partie non détruite. Ainsi, lorsqu'une maison donnée en hypothèque vient à périr par cas fortuit, un incendie, par exemple, l'hypothèque subsiste toujours sur la place qu'occupait la maison. Bien plus, si la maison a été rebâtie, cette maison étant censée subrogée à l'ancienne, serait grevée de la même hypothèque. Si un tiers de bonne foi, après la destruction de la maison, avait acheté le terrain et y avait bâti, le nouveau bâtiment serait sans doute atteint par l'hypothèque; mais le possesseur aurait une exception et ne pourrait être forcé à restituer l'édifice aux créanciers, qu'autant que ceux-ci lui rembourseraient les frais qu'il a exposés, jusqu'à concurrence de la plus-value procurée au fonds (1. 29, § 2, Dig., *de Pign.*)

En Droit romain il est constant, pour les choses immobilières au moins, quoique les commentateurs ont essayé de faire une foule de distinctions à cet égard, qu'en principe les changements survenus au fonds hypothéqué n'altéraient en rien le droit d'hypothèque. Si une maison, par exemple, avait été hypothéquée et qu'ensuite on l'ait démolie pour transformer le terrain en un jardin, l'hypothèque n'en continuerait pas moins de subsister. Toutefois, si la chose avait été transformée dans son essence même, on décide généralement que l'hypothèque est éteinte, par exemple, lorsque des immeubles sont transformés en choses mobilières, comme il arriverait si les bois d'une forêt étaient abattus, et qu'on eût construit des navires ou des maisons; ou si de la laine on avait fait des habits; ou si une maison était démolie par le propriétaire dans le but de spéculer sur la vente des matériaux.

Quant aux détériorations survenues par le fait, la négligence du tiers-détenteur, avant l'exercice de l'action hypothécaire, elles ne donnent lieu à aucune indemnité en faveur du créancier, alors même que le détenteur eût su que le bien acquis par lui était hypothéqué, parce que jusqu'à ce moment il se trouvait propriétaire, et comme tel pouvait user et abuser. Il n'est tenu que des détériorations postérieures à la *litis contestatio*, de même que c'est seulement à partir de cette époque qu'il doit rendre les fruits (l. 16, § 4, *de Pign. et Hyp.*)

V. *Confusion.* — Lorsque la propriété de la chose engagée et le droit de gage ou l'hypothèque concourent dans la même personne, l'hypothèque n'existe plus, car personne ne peut s'actionner soi-même. Il en est ainsi lorsque le créancier devient héritier du détenteur du fonds hypothéqué; ou réciproquement, lorsque c'est le détenteur qui hérite du créancier. — A proprement parler, le droit hypothécaire ne se trouve pas éteint, il y a seulement impossibilité matérielle de l'exercer ; aussi dit-on : *confusio potius eximit personam ab obligatione quam extinguit obligationem.* De là découle une conséquence importante, c'est que si l'obstacle à l'exercice de l'action naissant de la réunion de deux qualités contradictoires vient à être levé par suite d'une circonstance quelconque, le droit renaît immédiatement ; si, par exemple, postérieurement à l'adition, le testament qui nommait pour héritier le détenteur se trouve rompu pour indignité ou par un testament dont on ignorait l'existence, l'action hypothécaire revivra contre lui au profit des véritables héritiers du créancier. — La confusion a encore lieu lorsque le créancier achète la chose qui lui est hypothéquée. Toutefois, nous savons que l'action hypothécaire continue de subsister à l'encontre des créanciers postérieurs, quand l'acheteur n'a eu pour but que d'écarter un créancier qui lui est préférable par son rang.

VI. *Résolution des droits du constituant.* — Lorsque les droits de celui qui avait constitué l'hypothèque sont anéantis, le droit du créancier doit également s'évanouir, *resoluto jure dantis resolvitur jus accipientis.* Ce principe n'est pourtant pas toujours vrai, il importe de faire quelques précisions. — Il n'est point douteux que lorsque le droit du débiteur est par sa nature même temporaire et révocable, lorsqu'il est, par exemple, soumis à une condition résolutoire et que cette condition vient à se réaliser, il n'est point douteux, dis-je, que l'hypothèque doit disparaître avec le droit de celui qui l'a conférée. De même, si un usufruitier a livré en gage son usufruit, le gage où l'hypothèque ne peut pas survivre à l'extinction de l'usufruit. — Mais lorsque la résolution arrive par le fait même du débiteur, l'hypothèque ne doit pas s'éteindre, sans quoi les créanciers se verraient à tout moment en péril de perdre la sûreté qu'ils ont obtenue. Cette distinction, quoiqu'elle ne soit pas nettement formulée, peut s'induire de plusieurs textes. Ainsi la loi 3, Dig., *quib. mod.*, suppose qu'une chose a été vendue avec la clause que la vente serait résolue si, dans un temps fixé, le vendeur trouvait des offres plus avantageuses. Avant l'expiration du délai, l'acheteur confère des droits d'hypothèque ; puis, toujours dans le temps fixé, le vendeur trouve des offres plus avantageuses, et la vente est résolue : le jurisconsulte décide que le droit d'hypothèque est éteint. Mais si la vente avait eu lieu, au contraire, sous la condition que la vente serait résolue si la chose déplaisait à l'acheteur (*pactum displicentiæ*), comme l'exercice de cette clause dépend entièrement du caprice de l'acquéreur, l'hypothèque doit survivre dans ce cas à la résolution de la vente.

Il ne sera pas toujours facile de savoir si la résolution procède *ex causa voluntaria*, du fait exclusif du débiteur, ou si elle a une cause nécessaire. — Nous allons examiner quelques situations :

Un mineur de vingt-cinq ans se fait restituer contre une acception onéreuse de succession ; les hypothèques qu'il a conférées continuent-elles de subsister ? Nous pensons que oui ; cette restitution est un fait tout à fait volontaire de sa part ; d'ailleurs, nous pouvons citer un texte à l'appui de cette opinion : c'est une constitution de Sévère et d'Antonin (C., l. 22, *de Minoribus vig.*), qui, malgré la restitution *in integrum*, déclarent valables les ventes de choses héréditaires faites par le curateur de ce mineur, en observant les formalités exigées.

On demande encore si le donataire d'un fonds ayant donné ce fonds en hypothèque, dans le cas où la donation serait révoquée par ingratitude, la chose donnée retournerait au donateur, exempte de toutes les charges imposées par le donataire? Nous adoptons fermement la négative. La révocation pour cause d'ingratitude était une action personnelle au donateur qui ne passait pas à ses héritiers, elle ne doit frapper que le donataire coupable; il serait injuste qu'elle réagit contre les tiers qui ont contracté de bonne foi avec le donataire, qu'ils croyaient propriétaire incommutable.

Une autre question non moins importante est de savoir quel est le sort des hypothèques constituées par l'héritier apparent, lorsqu'il se trouve évincé par le véritable héritier. — Cette question se rattache à la question de savoir si les ventes faites par l'héritier apparent sont valables. Or, sur cette dernière question, nous avons des textes assez précis; la bonne foi de l'acquéreur ne saurait le défendre contre le véritable héritier, qui aura contre lui une action utile (Loi 13, § 4, de Heredit. petit., Dig. 5). Quant à l'héritier vendeur, d'après un sénatus-consulte cité par Ulpien (Loi 20, id.), on distinguait s'il était de bonne ou de mauvaise foi. S'il était de bonne foi et que les choses vendues eussent péri, il n'était tenu de rendre le prix qu'à concurrence de ce dont il s'était enrichi: il n'était pas tenu du prix qu'il avait dilapidé ou consommé; lorsqu'au contraire il était de mauvaise foi, il était obligé à le rendre. — Nous pensons qu'il doit en être de même des hypothèques constituées par l'héritier apparent, elles ne sauraient avoir aucun effet vis à vis du véritable héritier; car *nemo plus juris transferre potest quam ipse habet.*

CODE NAPOLÉON.

DU RETOUR LÉGAL OU SUCCESSORAL.

CHAPITRE PREMIER.

Considérations morales et historiques sur le droit de retour légal.

I. Un des caractères essentiels de la donation entre-vifs, c'est d'entraîner le dépouillement actuel et irrévocable du donateur. La propriété des biens passe instantanément sur la tête du donataire, et ne subit en principe aucune influence des évènements qui peuvent survenir postérieurement. Le donateur peut, il est vrai, imposer des charges au donataire, convenir même que la donation sera résolue dans certains cas, par exemple, en cas de prédécès du donataire (951); mais ces clauses formelles sont d'exception; et en l'absence de stipulations pareilles, et hormis les cas de révocation expressément prévus par la loi, la propriété est enlevée d'une manière définitive et incommutable au donateur. Ainsi, lors même qu'il survivrait au donataire, cette circonstance n'aurait aucun effet à son égard; il ne pourrait pas prétexter que la donation n'a eu lieu que sous la condition tacite de survie du donataire; peu importerait même que ce dernier eût laissé ou n'eût pas laissé de descendants, les biens donnés n'en seraient pas moins transmis, comme les autres biens, à ses héritiers, à quelque degré qu'ils fussent. Cette règle est d'une application facile et rationnelle, lorsqu'il s'agit d'une donation faite par un étranger. Cette donation n'a pas sa source dans les liens du sang, dans les rapports intimes basés sur l'ordre des affections de la nature; elle est l'effet d'un acte libre, spontané et désintéressé du donateur; et, puisqu'il n'a pas formellement prévu la circonstance du prédécès du donataire, il faut présumer qu'il a entendu renoncer à la faculté de s'en prévaloir, qu'il a entendu gratifier non seulement le donataire, mais encore ses héritiers quelconques. La même présomption ne saurait s'induire lorsque le donataire et le donateur sont unis par les liens du sang, lorsqu'il s'agit d'un ascendant et d'un descendant : tout prouve alors que c'est spécialement la personne du donataire que l'ascendant a eu en vue. Il n'a pu croire que la nature, à défaut de la loi, lui imposait l'obligation de le mettre d'ores et déjà en possession des biens qui devaient lui revenir à son décès, soit afin de favoriser son établissement, soit pour l'aider dans une opération industrielle ou commerciale, soit pour toute autre motif. Il n'a pas prévu le prédécès du donataire, parce qu'une pareille idée eût blessé ses sentiments paternels, qu'il est dans l'ordre des choses anormales de voir l'enfant précéder dans la tombe ceux qui lui ont donné le jour. Sans doute, si le descendant a laissé une postérité, il faut présumer que l'affection de l'ascendant se reporte sur les rejetons de celui qu'il aima, dont les traits lui rappellent ses traits, qui ont reçu dans leurs veines le même sang, dont les caresses lui font oublier la perte qu'il a faite. Le législateur eût méconnu l'ordre des affections naturelles, il eût mal interprété l'intention du donateur, s'il eut décidé que la donation serait réduite à néant par le fait seul du prédécès du donataire, encore qu'il eût laissé des descendants pour le représenter et tenir sa place dans le cœur de son ascendant. Mais si une pareille disposition eut été mauvaise, que dire de celle qui, sous prétexte de ne pas violer la règle de l'irrévocabilité des donations et de tirer des conséquences exactes des principes, eût sacrifié l'équité à la logique, et eût encore ravivé chez l'ascendant la douleur de la mort de ses enfants par la vue de ses biens passant en des mains étrangères ? Il est de principe qu'on doit rechercher dans les conventions la volonté des parties. Or, ici, l'intention du donateur a bien été de préférer le donataire et sa postérité à lui-même ; mais eût-il fait la donation s'il eût pu prévoir que ses biens devaient enrichir un jour des personnes avec lesquelles il peut n'exister aucun lien de parenté. Remarquez, d'ailleurs, que par cette donation, il peut s'être mis dans une position précaire : tant que ses enfants vivaient, il pouvait compter sur leur reconnaissance, la loi, au besoin, leur faisait un devoir de lui fournir des aliments ; mais on décide généralement que la dette alimentaire est intransmissible, le donateur n'aura pas d'action pour forcer les héritiers de ses descendants à s'acquitter de ce devoir, il pourra se trouver réduit à la misère par suite de sa générosité même. — Ces considérations, on le conçoit, ne seraient pas de nature à encourager beaucoup les ascendants à faire des libéralités, et leur zèle serait singulièrement refroidi par la perspective fâcheuse qui s'ouvrirait devant eux.

Pour les libéralités qui ont lieu entre personnes étrangères l'une à l'autre, la loi n'a pas dû se préoccuper de ces éventualités. Ces donations ne doivent pas inspirer une grande faveur, trop souvent elles sont arrachées à la faiblesse des personnes âgées ; si elles sont quelquefois la récompense des services rendus, elles ont souvent aussi leur source dans la ruse, la captation, les soins et les flatteries intéressées ; elles dépouillent les héritiers naturels au profit de quelques intrigants habiles ; elles sont la cause de procès, de divisions entre les familles ; aussi ont-elles été soumises, pour leur validité, à des formalités minutieuses, dont l'observation par le donateur prouve une volonté constante et long-temps réfléchie, et l'absence de toute surprise ou de tout entraînement momentané. Les donations entre ascendants et descendants, loin d'offrir les mêmes dangers, peuvent avoir, au contraire, d'excellents résultats. Entre le donateur et le donataire, les sentiments qui les unissent déjà acquièrent plus de force et de vivacité, le lien de la reconnaissance vient resserrer le lien du sang, et, à moins que le descendant n'ait une âme mal faite, il cherchera à s'acquitter de ses bienfaits par les respects et les soins dont il environnera la vieillesse du donateur.

Si le donateur gagne en affection ce qu'il perd matériellement, la société elle-même n'éprouvera aucun préjudice de cette substitution de personnes ; il peut même en résulter pour elle de grands avantages. Outre qu'il n'est pas indifférent au bon ordre de voir l'union se fortifier dans les familles et se renforcer le respect dû à la vieillesse, des biens qui seraient demeurés improductifs dans des mains séniles, en passant à des maîtres plus jeunes, plus actifs, plus industrieux, produiront une plus grande masse de revenus et, par con-

séquent, une augmentation dans la fortune publique,
ou seront employés à des opérations commerciales et
industrielles dont la société pourra profiter. — Toutes
les législations ont reconnu qu'il importait de donner
des encouragements au mariage : cette institution res-
pectable qui, en associant l'existence de deux êtres,
tend à enrichir la terre de nouveaux habitants et con-
cilie les lois de la nature avec les besoins de la société.
Or, dans notre civilisation moderne, ce sont le plus souvent les conventions pécuniaires qui facilitent les ma-
riages, quelquefois même elles en sont l'unique source ;
c'est en vue de la dot promise que tel ou tel mariage a
été contracté.

> La dot à la laideur prête bien des appas

a dit un poète moderne ; et puisque l'intérêt est un des
mobiles les plus puissants qui puissent amener à un résultat si désirable, on voit combien il est nécessaire
d'environner de faveurs les actes qui tendent à ce but,
et de pas apporter trop d'obstacle à la manifestation
des intentions généreuses des personnes qui, pour favoriser tel ou tel établissement, consentent à faire des
sacrifices pécuniaires, surtout lorsque ces personnes,
unies par les liens du sang les plus étroits, ne font,
en quelque sorte, qu'acquitter une dette naturelle.
Ainsi, tandis que le législateur devait apporter des en-
traves à l'exercice de la faculté de disposer par donation
entre-vifs entre étrangers, il devait, au contraire, encourager les donations entre ascendants et descendants ;
et un des meilleurs encouragements qu'il pouvait donner, c'était de ménager aux donateurs, en cas de prédécès
du donataire et de sa postérité, la consolation de ra-

prendre les biens donnés qui existeraient encore, ou dont il serait facile de reconnaître l'origine parmi les biens laissés par le défunt. Par l'effet de ce droit, les biens reviennent dans les mains de celui qui les a donnés ; aussi, ce droit a-t-il été qualifié de droit de réversion ou de retour, et on l'a appelé retour légal, parce qu'il est établi par la loi même en faveur de certains donateurs, en l'absence de toute clause spéciale, par opposition au retour conventionnel, qui existe en faveur de tout donateur quelconque et n'existe qu'en vertu d'une stipulation formelle.

II. Le droit de retour se trouvait en germe dans la législation romaine. La loi 6, Dig., *de Jure dotium*, portait que : « quand un père aurait le malheur de perdre sa fille, il pourrait reprendre la dot qu'il lui avait constituée ; consolation bien juste, car il serait trop dur qu'il perdît à la fois sa fille et son argent ; *ne et filiæ amissæ et pecuniæ damnum sentiret.* » La loi 4, au Code, *de Soluto matr.*, s'expliquait avec non moins de clarté : « La dot qui vient du père, disait-elle, doit retourner au père, si la femme non émancipée meurt pendant le mariage. » D'après ces textes, on voit que le droit de retour était connu à Rome, mais il n'existait que dans un cas spécial et seulement en faveur du père, ou par interprétation de l'aïeul paternel ; mais il est certain, quoique quelques commentateurs en aient douté, qu'il ne s'étendait pas à la mère ou à l'ascendant maternel. — Une constitution de Théodose et de Valentinien (Code 2, *de Bonis quæ liberis*), étendit ce droit, longtemps limité au seul cas de dot, au cas de donation faite par un père à son fils en le mariant. L'empereur Léon alla plus loin, et appliqua la réversion à toutes les donations faites par les pères à leurs enfants; mais il la refusa expressément aux mères et aux étrangers.

L'ancienne législation française accueillit ce droit équitable en lui faisant subir des modifications diverses, suivant les lieux et les temps. Il y avait, surtout en cette matière, une grande diversité de règles et de principes entre le pays de Droit écrit et le pays de Droit coutumier. — Dans le pays de Droit écrit, quelques Parlements, notamment celui de Grenoble, suivaient strictement le Droit romain, et, tant pour la dot que pour la donation simple, refusaient le droit de retour à la mère et à l'ascendant maternel. Mais la jurisprudence contraire prévalait, le retour était accordé à tout ascendant quelconque sur les biens du donataire décédé sans postérité, et même le Parlement de Toulouse l'avait étendu jusqu'aux donations faites par des parents collatéraux. — Une question plus vivement controversée entre les divers Parlements du Droit écrit, était celle de savoir si, dans le cas de donation faite par un aïeul à son petit-fils, dans l'hypothèse de prédécès du petit-fils et de survie du père et de l'aïeul, la réversion devait profiter à l'aïeul donateur, ou si la préférence ne devait pas être donnée au père du donataire ? L'équité et la nature du droit de retour auraient dû faire adopter la première opinion ; mais en faveur de l'opinion contraire, on faisait valoir le texte de la loi 6, Dig., *de Collationibus*, qui accordait au père la réversion de la dot donnée par l'aïeul paternel, par le motif que les pères étant obligés de doter leurs enfants, l'aïeul, en faisant sa donation, était censé avoir voulu acquitter la dette de son fils et avait donné à sa décharge.

Mais ce qu'il importe de remarquer, c'est la manière

dont le retour légal s'effectuait dans les pays de Droit écrit. L'ascendant donateur reprenait les biens donnés, en vertu d'une condition résolutoire toute inhérente à la donation : *velut quodam jure postliminii*, disait Furgole. Le donateur est censé avoir dit : je vous donne tant, mais la donation sera résolue si vous mourez avant moi sans laisser de postérité pour vous représenter ; et comme l'effet de toute condition est d'opérer rétroactivement, il en résulte que la convention résolutoire une fois arrivée, la donation est censée de plein droit n'avoir jamais existé, et par suite les biens sont censés être toujours restés dans les mains du donateur. Les conséquences de ce principe sont faciles à déduire. Aucune disposition, aucune aliénation faite par le donataire ne doit tenir, *resoluto jure dantis resolvitur jus accipientis;* toutes les concessions de servitudes, d'hypothèques faites à des tiers, doivent s'évanouir, et les biens revenir au donateur francs et quittes de toutes charges. Toutefois, ces principes n'étaient pas appliqués d'une manière uniforme dans les ressorts des divers Parlements. Ainsi, dans les pays de Droit écrit du ressort du Parlement de Paris, le donataire pouvait aliéner non seulement à titre onéreux, mais encore à titre gratuit, entre-vifs ou à cause de mort ; au Parlement de Provence, l'exercice du retour légal ne faisait disparaître ni les aliénations à titre onéreux, ni les hypothèques consenties à des tiers par le donataire.

Le droit de retour s'introduisit de bonne heure dans les pays coutumiers. Un arrêt rendu sous saint Louis (1268), avait jugé que quand les enfants *décèdent sans hoirs procréés du mariage, le don retourne au donateur et non aux prochains héritiers du donataire.*

L'art. 313 de la coutume de Paris réformée, contenait une disposition expresse en ce sens; et peu à peu ce droit, d'abord combattu, fut admis par la grande majorité des coutumes. Mais dans l'application de ce droit, la jurisprudence et la doctrine étaient fort partagées. Ainsi, dans certaines coutumes, le retour pouvait s'exercer indistinctement sur toutes *les choses données*, meubles ou immeubles; tandis que d'autres ne l'admettaient que pour les héritages. — La plupart des coutumes réservaient ce droit à l'ascendant donateur; mais quelques autres l'étendaient aux parents collatéraux et même aux étrangers. Dans les pays coutumiers, on ne faisait pas difficulté pour admettre que, en cas de donation faite par un aïeul à son petit-fils, si le petit-fils décédait sans postérité, l'ascendant devait exclure le père. — Quant aux effets du droit de retour, ils se produisaient d'une manière toute opposée à ce qui avait lieu dans les pays de Droit écrit. L'ascendant donateur n'était pas censé répandre, par l'effet d'une clause résolutoire, les biens donnés, il les recueillait par voie de succession; l'art. 313 de la coutume de Paris l'établit nettement: « les père, mère, aïeul ou aïeule *succèdent ès choses* par eux données à leurs enfants décédant sans enfants ou descendant d'eux. » Donc l'ascendant, comme tout héritier, ne prenait les choses données que dans l'état où elles se trouvaient; si elles avaient été aliénées en tout ou en partie, ces aliénations étaient parfaitement valables et n'étaient pas susceptibles de résolution. — Lebrun et Ferrières allaient même jusqu'à décider que si le donataire, après avoir aliéné le bien, l'avait vu rentrer dans son patrimoine par achat ou donation, le retour ne pouvait plus être exercé sur ces biens. A plus forte raison le donateur exerçant le droit de retour, était-il tenu de respecter les hypothèques et charges dont les biens donnés avaient été grevés. La qualité d'héritier obligeait encore l'ascendant donateur à contribuer aux dettes héréditaires en proportion de son émolument, et même, suivant quelques coutumes *ultra vires*, elle l'assujettissait enfin aux droits de mutation et autres charges héréditaires.

La loi du 11 nivose an II, en maintenant expressément le droit de retour conven onnel, avait implicitement abrogé le droit de retou 'égal. Les art. 69 et suivants déterminaient les cas où ascendants étaient appelés à succéder, et l'art. 74 ajout : « les biens donnés par les ascendants *avec stipulation le retour*, ne sont pas compris dans les règles ci-dessu . » Il résultait clairement de là, que le retour n'avait jamais lieu de plein droit, *qui dicit de uno de altero negat.* – L'art. 5 de la loi du 23 ventose an II, avait décidé que cette disposition n'avait pas d'effet rétroactif, que le r tour légal conservait ses effets pour les donations faites s us l'empire de l'ancien Droit. — Les législateurs du Code Napoléon, tout en demeurant fidèles aux grands principes proclamés en 1789, et en s'inspirant souvent, surtout en matière de succession, des lois transitoires qui les avaie nt consacrés avec plus ou moins de bonheur, aimaient accepter de l'ancienne législation, celles de ses dispositions qui, par leur équité, avaient mérité d'être confirmées par la faveur publique. Aussi, tout en reproduisant une grande partie des articles de la loi de nivose an II, tout en maintenant à peu près le même ordre de succession, en proclamant l'abolition des droits d'aînesse, de masculinité, et le principe de l'unité du patrimoine, crurent-ils devoir rétablir le droit de retour légal pour l'ascendant dona-

teur, et diviser en deux masses la succession du donataire: l'une comprenant les biens donnés, et l'autre les
biens propres.

C'est l'art. 747 qui a formulé ce principe, qui constitue une exception à la règle de l'art. 732, *que la loi ne
considère ni la nature, ni l'origine des biens.* Il faut reconnaître que si dans certaines matières on a pu reprocher
au législateur une abondance excessive de dispositions,
ici, il pécherait plutôt par le défaut contraire, excès de
sobriété; aussi, un vaste champ a été ouvert aux controverses; et des lacunes qu'on a trouvées dans la loi, ont
surgi une foule de questions dont quelques-unes sont
d'une haute importance. Nous allons les aborder successivement, espérant que les considérations et les notions
historiques que nous avons présentées sur ce droit de
retour, nous en rendront la solution plus aisée.

CHAPITRE II.

Au profit de quelles personnes le retour légal est-il établi ?

Le retour légal a lieu au profit de tout ascendant donateur. Peu importe qu'il soit ou non appelé à la succession du donataire défunt ; par cela seul qu'il est donateur, il succède exclusivement aux biens donnés,
lors même qu'il serait en concurrence avec des héritiers qui, d'après l'ordre établi des successions, auraient
la préférence sur lui. Ainsi, un aïeul dispose par acte
entre-vifs d'une partie de ses biens en faveur d'un de
ses petit-fils; le donataire meurt sans postérité, mais laissant des frères et sœurs ; d'après les principes ordinaires, ces derniers devraient exclure l'aïeul, et ils l'ex-

dueront, effet, par les biens propres du défunt; mais quant aux biens donnés qui existent en nature, ils les verront enlevés par l'aïeul. De même, si l'aïeul donateur et le père survivaient tous deux au petit-fils, on ne saurait douter aujourd'hui, en présence des termes de l'art. 747 : *les ascendants, à l'exclusion de tous autres*, etc., que la réversion n'eût lieu au profit de l'aïeul et non au profit du père , d'autant plus qu'en vertu de l'art. 204, les pères n'étant plus obligé civilement à doter leurs enfants, on ne peut pas dire que l'aïeul, lorsqu'il constitue une dot à son petit-fils, acquitte la dette du père et donne à sa décharge.

La loi ne distinguant pas entre les divers ascendants donateurs, on doit en conclure que le retour légal a lieu pour tous également, pour les pères et mères d'enfants naturels reconnus, comme pour les père et mère légitimes. Un auteur a cependant enseigné le contraire ; et la seule raison qu'il en a donné, est dans la place qu'occupe l'article. Puisque, a-t-il dit, cet article se trouve dans le chapitre de la loi où il est question des successions légitimes, et n'est pas répété au chapitre des successions irrégulières, le législateur a eu l'intention de refuser aux père et mère naturels le droit de retour sur les biens de leurs enfants légalement reconnus. Cette doctrine pouvait avoir quelques raisons d'être sous l'ancienne jurisprudence, si hostile aux bâtards, mais elle est aujourd'hui à peu près universellement rejetée. Les mêmes motifs qui ont fait établir le retour légal pour les ascendants légitimes, les encourager à faire des donations à leurs descendants, leur ménager une consolation pécuniaire en cas de prédécès des donataires, existent également pour les ascendants naturels. La place qu'occupe l'article est indifférente ; le législateur a mis cette disposition dans le chapitre des successions régulières, comme il l'aurait jetée partout ailleurs, sans intention arrêtée, dès que l'occasion s'est présentée d'en parler. — L'art. 766 fournit un dernier argument à l'appui de cette opinion. Cet article dispose, qu'en cas de prédécès des père et mère naturels, la succession de l'enfant naturel reconnu ayant des frères et sœurs légitimes et naturels, sera divisée en deux parts : l'une, comprenant les biens venus du chef des père et mère, retournera aux frères et sœurs légitimes ; l'autre, comnant les biens acquis par l'industrie du défunt, appartiendra à ses frères et sœurs naturels. Mais ne serait-il pas bizarre que les enfants légitimes de l'ascendant donateur eussent après sa mort, sur les biens de leur frère naturel, un droit de retour que le donateur n'aurait pas eu s'il eût survécu à l'enfant naturel. — La question, au reste, est sans intérêt, lorsque l'enfant naturel n'a été reconnu que par le père, parce qu'alors, d'après l'art. 765, il est seul héritier de l'enfant naturel décédé sans postérité. Elle n'acquiert de l'importance, que lorsque l'enfant naturel a été reconnu à la fois par son père et sa mère : le père donateur est intéressé à se prévaloir de l'art. 747, pour recueillir seul les biens donnés, à l'exclusion de la mère, avec qui il viendra encore partager, d'après l'art. 765, le restant de la succession de l'enfant naturel.

La reconnaissance n'a d'effet qu'entre celui qui reconnaît et celui qui est reconnu, il n'existe aucun lien de parenté et de successibilité entre l'aïeul et le petit-fils né hors mariage ; ainsi, d'après l'art. 756, l'enfant naturel reconnu n'a aucun droit sur les biens de son aïeul ; et

7

d'après l'art. 765, l'aïeul ne peut jamais succèder à l'enfant naturel décédé sans postérité et ne laissant ni père ni mère. Donc, l'aïeul qui aurait donné au fils légitime de son enfant naturel reconnu, ou au fils naturel reconnu de son enfant légitime, ne serait pas recevable, en cas de prédécès du donataire, à se prévaloir de l'exercice de l'art. 747.

L'art. 351 établit également un droit de retour en faveur du père adoptif, sur les choses par lui données, lorsque son enfant adoptif meurt sans descendants légitimes; mais ce droit de retour est d'une nature spéciale. En effet, ce droit de retour n'est pas soumis, comme le droit établi par l'art. 747, à la condition de survivre du donateur au donataire. Ainsi, tandis que le bénéfice de l'art. 747 est personnel à l'ascendant donateur et ne peut être invoqué par ses héritiers et légataires, puisque ce fait seul supposerait qu'il est décédé, le droit établi par l'art. 354, en faveur de l'adoptant, peut profiter à l'adoptant lui-même, ou s'il meurt, à ses héritiers. Il est bien clair, du reste, que dans le cas de l'art. 747, si l'ascendant, après avoir survécu à son descendant, venait à mourir avant d'avoir pu exercer son droit, ce droit étant dès lors tombé dans le patrimoine, serait recueilli par ses héritiers avec le reste de la succession.

La donation peut émaner à la fois de deux personnes; par exemple, une dot peut avoir été constituée conjointement par deux époux à un de leurs descendants. — Deux cas peuvent se présenter: ou chaque époux a fixé d'avance la part pour laquelle il entendait contribuer à la dot, ou bien cette fixation n'a pas eu lieu. Dans le premier cas, chaque époux peut exercer le droit de retour, jusqu'à concurrence de sa part contributive; et il

en serait ainsi, lors même que la dot aurait été fournie
en totalité en biens personnels à l'un des époux, ou en
biens de la communauté, sauf, dans la première hypothèse, récompense due à l'époux qui a fourni ses biens
propres; et dans la dernière récompense, à la communauté. — Lorsque les époux n'ont pas désigné la portion pour laquelle ils entendent contribuer à la dot, la
loi présume (1438, 1544) qu'ils ont voulu y contribuer
pour portions égales; chacun aura droit à la reprendre
pour moitié. — Si les ascendants étaient mariés sous le
régime de la communauté, encore que la dot ait été constituée par le mari seul, si cette dot se composait d'effets
de la communauté, la femme, sauf déclaration expresse
du mari, n'en serait pas moins tenue d'en supporter la
moitié, si elle acceptait la communauté, par la raison
que le mari est maître de la communauté et qu'il peut
en aliéner les biens (1439); par suite, elle jouirait du
bénéfice de l'art. 747. Au contraire, si le régime matrimonial des ascendants était le régime dotal, si la dot est
constituée par le père seul pour droits paternels et ma-
térnels, la mère, quoique présente au contrat, ne sera pas
engagée si elle n'y consent expressément, et la dot sera
en totalité à la charge du père (1544).

CHAPITRE III.

A quelles conditions le droit de retour
s'exerce-t-il?

Pour que les ascendants puissent reprendre dans la
succession du donataire les biens donnés, deux conditions sont indispensables : la première, que l'ascendant

ait survécu ; la seconde, que le donataire soit *mort sans laisser de postérité.*

La première condition ne peut guère donner lieu à des difficultés. En général, on sait à quel moment une personne est décédée, on peut donc dire d'une manière certaine si l'ascendant a ou non survécu ; car il suffit qu'il ait survécu de quelques instants au donataire, pour qu'il ait eu le bénéfice du droit de retour, et qu'il ait pu le transmettre à ses héritiers. Les circonstances pourtant peuvent être telles, que la condition de survie échappe à toute certitude ; il se peut, par exemple, que l'ascendant et le donataire aient péri ensemble dans le même évènement, incendie, naufrage, etc. La loi prévoit cette situation et établit des présomptions de survie basées sur l'âge, le sexe (720, 721, 722). Mais ces présomptions n'ont été édictées que pour le cas où il s'agit *de personnes respectivement appelées* à se succéder. Ces présomptions ne nous paraissent donc pas devoir s'étendre au cas d'ascendant et de donataire. La loi a admis ces présomptions dans le cas de personnes respectivement appelées à se succéder, parce qu'autrement on n'aurait pas su à quels héritiers les successions des personnes péries ensemble devaient être déférées ; ici, au contraire, la nécessité de les admettre n'existe pas ; d'après les règles ordinaires, la succession de l'ascendant et celle du donataire doivent être dévolues chacune à leurs héritiers respectifs, lorsque ces héritiers ne sont pas les mêmes ; et c'est aux représentants de l'ascendant qui veulent enlever les biens donnés aux représentants du donataire, à prouver que leur auteur a survécu.

Quant à la seconde condition, elle réclame toute notre attention. On était généralement d'accord que la

mort civile comme la mort naturelle donnait ouverture
au droit de retour. En vain on aurait essayé d'argumenter des mots *donataires décédés* qui se trouvent dans
l'art. 747, il fallait reconnaître que ces mots devaient
être pris dans un sens large, en présence des textes du
Code, qui assimilent partout la mort civile à la mort naturelle, surtout de l'art. 718, qui énumérait deux causes d'ouverture des successions : la mort naturelle et la
mort civile. A l'avenir, la question ne pourra plus se
présenter. Le législateur de 1854 a enfin satisfait l'opinion publique, en faisant disparaître de nos lois cette
institution immorale et inique de la mort civile, qui ap-
paraissait comme une souillure au frontispice de nos
Codes.

Mais c'est à l'occasion du mot équivoque *postérité,* que
sont nées les disputes les plus vives. Que doit-on entendre par là? Est-ce seulement la descendance légitime
du donataire, ou bien faut-il y comprendre encore ses
enfants adoptifs? faut-il l'étendre même à ses enfants
naturels reconnus? Enfin, le droit de retour est-il ouvert à l'ascendant lorsque le donataire a laissé des descendants, mais que ces descendants sont morts avant le
donataire, ou qu'ils sont exclus de la succession de l'auteur comme indignes ou renonçants? Telles sont les
principales questions qui ont été soulevées et vivement
débattues :

> Grammatici certant et adhuc sub judice lis est.

I. Dans le cas d'existence d'un enfant adoptif du donataire, on a soutenu que la présence de cet enfant n'était
pas un obstacle au droit de l'ascendant , parce qu'en

faisant la donation, le donataire consentait bien à se voir préférer la postérité véritable du donateur, mais non pas sa postérité fictive; l'affection du donateur ne pouvait pas se reporter sur une personne qui n'est unie à lui par aucun lien de sang. Ce motif n'a aucune force, en présence du texte formel de l'art. 350, qui donne à l'enfant adoptif, vis à vis la succession de l'adoptant, les mêmes droits qu'a l'enfant né en mariage. — D'ailleurs, l'ascendant donateur devait savoir que le donataire avait la faculté d'adopter aussi bien que celle de disposer des effets donnés; et puisqu'il n'a pas stipulé formellement le retour, à défaut d'enfants nés en mariage, il doit être présumé avoir voulu y renoncer. — C'est, du reste, en ce sens que se sont prononcés, d'une manière à peu près uniforme, la doctrine et la jurisprudence.

II. La question est plus délicate quand le donataire est décédé sans postérité légitime, ne laissant qu'un enfant naturel reconnu? Nous croyons d'abord que dans cette question, comme dans une question précédente, il faut négliger tout argument tiré de la place qu'occupe l'art. 747, au milieu du chapitre des successions régulières. Mais cet argument écarté, les partisans de l'opinion hostile aux enfants naturels, qui pensent que leur présence ne fait nullement obstacle à l'exercice du droit de retour, malgré le mot si large de *postérité* consacré par l'art. 747, font valoir que l'enfant naturel du donataire est, aux yeux de la loi, un étranger pour l'ascendant donateur; et que par suite, sa présence n'est pas plus un obstacle à l'exercice du droit de retour, que ne le serait celle d'une toute autre personne, d'un collatéral, par exemple. Il ne faut pas faire jouir les enfants naturels des mê-

mes avantages que les enfants légitimes; la naissance
d'un enfant naturel est un outrage à la morale en même
temps qu'une violation de la loi civile, qui ne reconn-
naît d'autre fondement à la famille que le mariage; le
législateur ne doit pas encourager ces désordres, autoriser ces scandales en plaçant dans une égalité
parfaite les enfants issus du mariage et les enfants nés
d'unions illégitimes; il ne faut accorder aux enfants
naturels que ce que l'humanité défend de leur refuser,
et toutes les disposions qui les concernent doivent toujours être entendues dans un sens restreint. L'ascendant donateur mérite la plus grande faveur : il a obéi
aux sentiments les plus honorables, en se dépouillant de
tout ou partie de ses biens au profit d'un de ses enfants
qu'il croyait digne de cette marque d'affection; et ces
biens passeraient en des mains impures, ils seraient
soustraits à la famille légitime au mépris des intentions du donateur, qui ne se doutait guère de voir son
descendant trouver dans cette donation même une prime
à son libertinage! — Malgré ces raisons, plutôt morales
que juridiques, nous n'hésitons pas à adopter l'opinion
de la majorité des auteurs, d'après laquelle la présence d'un enfant naturel, comme celle d'un enfant légitime, empêche la réversion au profit de l'ascendant. Le
mot *postérité* semble d'abord appuyer cette opinion, et
ce mot a d'autant plus d'importance, que si on rappro-
che l'art. 747 de l'art. 351, qui parle du retour établi en
faveur de l'adoptant, on trouve que ce dernier article
emploie les mots *descendants légitimes*, preuve que le
législateur a eu une intention fixe en ne se servant pas
de la même rédaction pour l'art. 747, en substituant à
cette expression une mot plus large, et plus élastique.

— Mais la raison décisive se tire des art. 756, 757. Ces articles donnent à l'enfant naturel reconnu, des droits sur les biens de leurs père et mère; on est même d'accord, aujourd'hui, qu'ils établissent en sa faveur une réserve légale dont la quotité est inférieure sans doute à celle des enfants nés du mariage, mais qui est de même nature, qui, par conséquent, doit se calculer sur l'ensemble du patrimoine de leur auteur, quelle que soit son origine, puisque la réserve n'est qu'une quote-part de l'hérédité entière. En théorie pure, il serait possible que l'ascendant méritât plus de faveur que l'enfant naturel ; mais cette opinion est inadmissible, sous l'empire du Code Napoléon. Une preuve, c'est que si le donataire avait laissé un enfant légitime et un enfant naturel, l'enfant naturel aurait toujours droit au tiers de la portion héréditaire de ce dernier, c'est à dire à un sixième, et lors même que ce sixième serait composé exclusivement des biens donnés, l'ascendant n'y aurait aucun droit; donc, il n'est pas vrai de dire que l'ascendant donateur soit préféré par la loi à l'enfant naturel, et que malgré sa présence, il pourra réclamer les biens donnés. — Seulement, l'enfant naturel, à la différence de l'enfant légitime, n'exclut l'ascendant que pour partie, si cet ascendant se trouve être en même temps héritier, c'est à dire, s'il n'est pas exclu par des collatéraux privilégiés, de frères et sœurs, il pourra prendre la moitié de la succession du donataire, en concours avec l'enfant naturel; mais c'est en vertu de son titre d'ascendant (756), et non comme donateur, en vertu de l'art. 747.

III. Je suppose que le donataire ait laissé des descendants,

mais ces descendants ont renoncé à la succession ou en
ont été exclus comme indignes : à ne consulter que la
lettre de l'article, le retour légal ne devrait pas avoir
lieu. L'article, en effet, est ainsi conçu : « Les ascendants succèdent, à l'exclusion de tous autres, aux choses
par eux données à leurs descendants *décédés sans postérité;* » mais cette interprétation ne saurait subsister en
présence des textes, qui attribuent un effet rétroactif au
jugement qui prononce l'indignité et au fait de renonciation ; en présence, notamment, de l'art. 785, d'après
lequel l'héritier qui renonce est censé n'avoir jamais été
héritier. Les descendants qui renoncent ou qui sont exclus pour indignité n'existent réellement pas par rapport
à la succession du donataire. A proprement parler, le
donataire est décédé sans postérité, puisque sa succession passe à des collatéraux ; refuser, dans ce cas, à l'ascendant donateur le droit de succéder aux choses données, ce serait étendre à des étrangers un droit établi
exclusivement pour les descendants, ce serait leur permettre d'argumenter du droit d'autrui. Toutefois, si les
enfants du donataire, renonçants ou indignes, avaient
eux-mêmes des descendants qui eussent droit de venir
et qui vinssent, en effet, de leur chef à la succession du
donataire, ils empêcheraient le retour, qui ne peut avoir
lieu qu'à défaut de *postérité.*

IV. Une autre situation peut se présenter. Le donataire laisse des descendants qui viennent à la succession;
peu de temps après, ces descendants meurent eux-
mêmes, sans laisser de postérité, avant l'ascendant donateur : si cet ascendant donateur se trouve en même
temps l'héritier le plus proche, il recueille tant les biens

propres que les biens donnés ; mais s'il est exclu de la succession par des héritiers plus proches, des frères et sœurs ou un ascendant plus rapproché, a-t-il le droit d'user de l'art. 747 et de recueillir exclusivement les choses données qui subsistent en nature ? Voici un exemple : Un ascendant maternel fait une donation à son petit-fils ; le donataire meurt laissant des enfants ; son conjoint, qui lui a survécu, se remarie et a des enfants de ce second mariage : ses enfants se trouvent être les frères et sœurs utérins des enfants du donataire ; les enfants du donataire meurent tous *intestat;* on demande qui recueillera les biens donnés : sera-ce l'aïeul maternel, en vertu de l'art. 747 ; sera-ce les frères et sœurs utérins, en vertu de l'art. 753 ? La question est vivement controversée. Elle l'était déjà sous l'ancienne jurisprudence ; dans les pays de Droit coutumier, on admettait généralement que la réversion avait lieu au profit du donateur, lorsque les descendants du donataire, après avoir recueilli sa succession, mouraient eux-mêmes sans postérité ; dans les pays de Droit écrit, les débats étaient plus vifs ; le Parlement de Toulouse se prononçait en faveur de l'aïeul , et sa jurisprudence était approuvée par des auteurs ; toutefois, l'opinion qui dominait était celle qui n'autorisait pas la réversion.

Le Code Napoléon a-t-il adopté la jurisprudence des pays coutumiers ou celle des pays de Droit écrit ? S'il n'existait pas d'autre moyen de vider le débat, il ne faudrait pas hésiter à conclure que le Code, en matière de retour légal, a conservé les principes du Droit coutumier, puisque, comme nous le verrons bientôt, le Code a rejeté l'opinion des pays de Droit écrit sur la nature du retour légal, et le considère comme une véritable succession. — Mais la raison d'adopter la solution contraire nous paraît résulter du texte même de l'article. Cet article, en effet, en se bornant à dire que les ascendants succèdent, à l'exclusion de tous autres, aux choses par eux *données à leurs enfants ou descendants* décédés sans postérité, exprime clairement qu'il ne s'applique qu'aux enfants ou descendants qui sont eux-mêmes donataires; que c'est uniquement sur la succession des *enfants ou descendants donataires*, et nullement sur la succession des *enfants ou descendants des donataires*, que l'ascendant est admis à recueillir les biens donnés. Quoi qu'en ait dit Figaro, une particule n'est pas toujours indifférente; la particule conjonctive *et*, entre les mots enfants, descendants, eut pu faire naître l'équivoque; la particule disjonctive *ou* tranche la difficulté. Si le législateur a joint le mot descendants au mot enfants, c'est qu'il voulait faire entendre qu'il ne s'agissait pas seulement des dons faits par les père et mère à leur postérité du premier degré, mais encore des dons faits par un aïeul à un descendant à quelque degré qu'il soit. — En vain, pour échapper à cet argument du texte, voudrait-on soutenir que les descendants du donataire sont eux-mêmes donataires? Par suite de la mort du donataire, les objets donnés ont perdu cette qualification d'objets donnés; ils tombent dans la succession et passent aux descendants du donataire comme biens héréditaires soumis, à ce titre, aux règles générales de transmission des biens. Ils ne pouvaient conserver leur qualification de biens donnés que dans une seule hypothèse : que le donataire ne laisserait pas de postérité ou que cette postérité ne viendrait pas à la succession.

Or, cette hypothèse ne s'est pas réalisée, il existe des descendants et ces descendants recueillent la succession, donc les biens donnés se trouvent confondus dans la masse du patrimoine ; qu'importe qu'ensuite ceux qui les ont recueillis viennent à mourir sans postérité, cette circonstance serait impuissante à leur rendre une qualification qu'ils ont perdue, d'autant plus que les exceptions sont toujours de Droit étroit, et que, dans le doute, il faut revenir au principe général, qui est l'unité du patrimoine, d'après l'art. 732. — Ainsi, le retour légal n'aurait pas lieu ; et dans l'exemple que nous avons choisi, les frères et sœurs utérins passeraient avant l'ascendant naturel. Mais, dit-on, la donation n'eut pas eu lieu si cet ascendant maternel eût pu prévoir qu'il se verrait un jour préférer des étrangers relativement à la transmission des choses données ; et ainsi votre solution n'aura pas pour effet d'encourager ces donations entre ascendants et descendants, que vous avez dit pourtant si avantageuses, et les chagrins pécuniaires s'ajouteront aux douleurs morales qu'a dû éprouver l'ascendant. — Je réponds que ces considérations ne sauraient prévaloir contre les termes de la loi, qui nous paraissent formels : que les héritiers des enfants du donataire, quoiqu'ils puissent être étrangers au donataire, peuvent être plus rapprochés par le sang des enfants du donataire que le donateur lui-même ; qu'enfin, libre était au donateur de stipuler le retour ; pourquoi ne l'a-t-il pas fait, *vigilantibus non dormientibus jura subveniunt* (1).

Nous pouvons résumer ce que nous avons dit jusqu'ici

(1) Cette doctrine, combattue par Malleville, Delvincourt, est adoptée par Chabot, Grenier, Zachariæ, Marcadé, Cassat. 1850.

dans ce chapitre, par ces mots : la présence d'un seul
enfant légitime, adoptif ou naturel, venant réellement à
la succession du donataire, suffit pour empêcher l'ascendant donateur de recueillir les biens donnés, quels
que soient les évènements qui arrivent plus tard, à
moins qu'il ne soit appelé éventuellement, par son seul
titre d'ascendant, à recueillir la succession. — Nous
devons ajouter qu'il n'est pas même nécessaire que l'enfant soit né du mariage en faveur duquel la donation
avait été faite, puisque la loi ne fait aucune précision à
cet égard, et que l'ascendant donataire doit chérir également les descendants du donataire de quelque mariage
qu'ils soient nés. Ainsi, la présence d'un enfant con-
sanguin ou utérin est un obstacle au retour légal, aussi
bien que la présence de l'enfant issu du mariage con-
temporain de la donation.

La mort naturelle du donataire sans postérité est-elle
aujourd'hui la seule cause d'ouverture du retour légal ?
— La déclaration d'absence ne peut-elle pas donner ouverture au droit de retour comme le décès lui-même ?
La déclaration d'absence n'est pas la constatation du
décès du donateur. Cette déclaration n'établit qu'une
chose : l'incertitude où l'on est sur son existence ; aussi
l'ascendant, dans ce cas, ne succédera-t-il réellement pas
au donataire, relativement aux choses données, car il
lui faudrait rapporter la preuve du décès ; il ne peut pas
y avoir de succession d'un homme vivant ; mais il
pourra, à l'exclusion des héritiers présomptifs de l'absent, se faire mettre par le tribunal en possession provisoire des biens donnés, et cette possession se convertira
pour lui ou pour ses héritiers en possession définitive
après trente ans, ou s'il s'est écoulé cent ans depuis la

naissance de l'absent, sauf toujours la résolution de son droit, si le donataire absent ou ses descendants viennent à reparaître. L'ascendant donateur qui obtient l'envoi en possession provisoire ; est soumis aux mêmes obligations que tout autre héritier envoyé en possession provisoire ; obligation de donner caution, de faire inventaire, etc.

L'entrée dans les ordres ou l'exercice d'une profession religieuse, n'est plus aujourd'hui, comme elle l'était autrefois, une cause d'ouverture des successions ; elle ne donnerait donc pas lieu à l'exercice du retour légal en faveur de l'ascendant.

CHAPITRE IV.

A quels biens l'ascendant donateur succède-t-il?

Deux situations diverses peuvent se présenter pour l'ascendant donateur : ou bien il recueille en sa qualité simplement d'ascendant la succession du donataire, soit pour partie, en concours avec les collatéraux de la ligne opposée, soit en totalité, parce qu'il n'existe pas dans l'autre ligne de parents successibles ; ou bien, il se trouve exclu de la succession ordinaire par des héritiers plus proches, et il ne puise le droit de réclamer une portion de cette succession que dans sa qualité de donateur. C'est cette deuxième situation que nous allons étudier dans ce chapitre, et c'est la fixation de la portion qui revient à l'ascendant donateur qu'il importe de déterminer. L'art. 747 nous fournit les éléments de cette fixation. Cet article est ainsi conçu : « Les ascendants succèdent aux choses par *eux données* à leurs enfants ou descendants décédés sans postérité, lorsque les objets donnés se *retrouvent en nature* dans la succession. Si les objets ont été aliénés, les ascendants recueillent le prix qui peut en être dû ; ils succèdent aussi à l'action en reprise que peut avoir le donataire. » — Du texte de cet article, il résulte 1° que l'ascendant ne succède qu'aux choses données ; 2° que ces objets donnés doivent se retrouver en nature ou par équivalent dans le patrimoine du donateur, ou que, du moins, on puisse les y faire rentrer par une action en reprise. Nous allons étudier successivement ces deux conditions.

§ 1 — Qu'entend-on par choses données ?

Les mots *donation, donner* se prennent dans deux acceptions : dans un sens général, ils signifient toute disposition à titre gratuit, toute libéralité faite de quelque manière que ce soit, par acte entre-vifs ou testamentaire. Dans un sens plus restreint, ils s'appliquent uniquement aux actes entre-vifs, et sont alors opposés aux mots *legs, léguer.* C'est dans ce sens que le mot *donner* doit être ici entendu. Sans doute, toute disposition à cause de mort disparaît, si le testateur survit au légataire ; mais c'est en vertu du principe bien simple que le testament n'opère transmission des biens qu'au moment du décès du testateur. Or, si le légataire meurt avant le testateur, il est bien clair que le testament n'opérera jamais cet effet. Cette circonstance est indifférente pour le testateur, qui n'était pas moins propriétaire avant ce décès que depuis ; elle ne profite qu'aux héritiers *ab intestat* du testateur, qui acquièrent de nouveau des espérances que le testament leur avait fait perdre. — Dans la libéralité

entre-vifs, dans la donation proprement dite, le donateur
s'est dépouillé, la transmission des biens a lieu immédiatement, ses biens devraient, dans tous les cas, passer
aux héritiers du donataire quels qu'ils soient ; et ce n'est
qu'en vertu d'un bienfait de la loi que l'ascendant peut
être appelé à les recueillir.

Non seulement l'art. 747 ne régit que les donations
entre-vifs faites par les ascendants, mais encore il ne
s'applique qu'aux donations de biens présents, qui entraînent immédiatement transfert de propriété, et ne doit
pas être étendu aux donations de biens à venir ou institutions contractuelles (1082); aux donations cumulati-
ves de biens présents et à venir (1084); aux donations
faites sous les modifications de l'art. 1086. Ces diverses
donations ressemblent aux legs, en ce qu'ils n'entraînent
pas dessaisissement actuel et irrévocable; aussi sont-
elles soumises à une règle identique à celle du testament. (Voir l'art. 1089).

Pour que le retour légal ait lieu, il ne suffit pas que
l'acte soit qualifié donation entre-vifs, il faut encore
qu'il en porte les caractères.

De même qu'un acte à titre gratuit peut être déguisé
sous la forme d'un acte à titre onéreux, du moins d'a-
près l'opinion universellement admise en jurisprudence,
de même il se peut que l'acte à titre gratuit, par la
nature et le nombre des charges imposées par l'une des
parties, offre tous les caractères d'un acte à titre onéreux. Cet acte ne saurait alors rentrer sous l'application
de l'art. 747. Il constitue, entre les mains des héritiers quelconques du prétendu donataire, qui, en réalité,
est acquéreur intéressé, une propriété définitive, irrévocable, affranchie de toute espèce de droit de retour.

Il n'est pas toujours facile de reconnaître si un acte qualifié donation ou vente ou de toute autre manière, constitue en réalité un acte à titre gratuit ou un acte à titre intéressé, s'il doit, par conséquent, être ou non soumis au retour légal. Voici une espèce assez délicate qui s'est présentée devant les tribunaux. — Un père dispose à titre d'aumône dotale, d'une somme d'argent en faveur de sa fille qui entre dans un couvent ; la fille meurt avant le père sans tester? Le père est-il apte à se prévaloir de l'art. 747, pour réclamer la somme d'argent qui subsiste en nature? La Cour d'Agen a résolu la question négativement en 1829, par la raison que l'acte ne constitue pas une libéralité, mais un contrat à titre onéreux; et voici comment elle a raisonné : le père, d'après l'art. 203, était soumis à l'obligation de nourrir et d'élever son enfant ; or, par l'entrée de sa fille au couvent, il se trouve libéré de cette dette naturelle et légale ; c'est le couvent qui doit désormais subvenir à ses besoins ; mais il faut que le couvent ait le moyen de suffire à cette dépense, et ce moyen, il le trouve dans la somme fournie par le père. — L'acte de dépouillement du père, de quelque manière qu'il soit qualifié, est donc un acte à titre onéreux, qui engendre une obligation de la part de la personne morale, qui reçoit par l'intermédiaire d'un de ses membres ; et c'est en même temps un contrat aléatoire, parce que la durée plus ou moins longue de l'existence de la jeune fille rend les obligations de la personne morale, débitrice des aliments, plus ou moins onéreux. On comprend donc que le retour légal ne puisse pas exister en faveur de l'ascendant.

C'était une question vivement controversée dans l'ancien Droit, de savoir si l'expression : choses données, devait s'étendre aussi bien aux meubles qu'aux immeubles ; on pensait généralement qu'elle devait être restreinte aux immeubles. Le doute n'est pas possible aujourd'hui : la généralité des expressions de l'art. 747 indique assez que le législateur avait en vue les choses mobilières comme les choses immobilières. Mais une condition indispensable, c'est que la donation soit constatée par un acte, qui doit être passé dans la forme authentique. Ainsi, quoiqu'on reconnaisse la validité du don manuel, c'est à dire de cette donation d'effets mobiliers qui est parfaite par la simple tradition de *manu ad manum*, ce don, quelque considérable qu'il pût être, ne donnera pas ouverture au droit de retour légal. Les donations d'effets mobiliers sont soumises, pour leur validité, à une double condition. Non seulement elles doivent être passées, faites dans la forme notariée, mais encore il faut, pour assurer l'irrévocabilité de ces donations, qu'un état énumératif et estimatif des objets donnés se trouve joint à l'acte. Le retour légal peut s'appliquer également aux effets corporels et aux effets incorporels. Ainsi, la donation peut consister en cession de créances, de billets, d'effets publics ; si ces effets et ces obligations se retrouvent dans la succession du donataire, l'ascendant est seul appelé à les recueillir.

§ 2. De l'identité juridique des choses données.

De cela seul qu'une donation a eu lieu, et que le donataire est décédé sans postérité avant le donateur, il ne faut pas en conclure précipitamment que les biens doivent revenir aussitôt à l'ascendant : il faut rechercher encore si ces biens se trouvent dans le patrimoine du défunt; s'il n'en avoit pas disposé de son vivant, à un titre quelconque, à moins qu'il n'existât une action en reprise; s'ils n'ont pas péri ou disparu d'une manière quelconque. — La loi est précise sur ce point : elle n'accorde le retour légal 1° que sur les biens qui se retrouvent en nature dans la succession ; 2° sur le prix encore dû de ceux qui auraient été aliénés ; 3° sur l'action en reprise par laquelle on fait rentrer le bien dans le patrimoine.

I. *Des choses données qui se retrouvent en nature.* — Cette règle que les choses données doivent se retrouver en nature, a soulevé bien des controverses dans la doctrine. Le mot *nature* a été l'objet de bien des interprétations : les uns ont cherché à l'étendre ; d'autres l'ont pris dans une acception très restreinte ; d'autres, enfin, ont cru rendre le sens de cette expression plus claire, en lui substituant des mots pour le moins aussi obscurs, tels que : *identique individualité* et autres pareils. Nous allons parcourir successivement les diverses situations qui peuvent se présenter, convaincus que c'est de cet examen que résultera le plus sûrement l'explication du mot et de la portée que le législateur y a attachée.

La donation, comme nous l'avons dit, est un acte translatif de propriété ; elle est parfaite entre les parties, par l'acceptation du donataire; et vis à vis des tiers par la transcription. Le donataire peut donc disposer comme il l'entend de la chose donnée ; il peut l'aliéner à titre onéreux, la transférer à titre gratuit, la détruire même. Il est évident que, dans tous ces cas, la chose donnée ne se trouvera plus dans le patrimoine du donataire à son décès; elle pourra s'y trouver, il est vrai, par équivalent : le donataire, par exemple, dans le cas d'aliénation à titre onéreux, aura reçu une somme d'argent en échange de la chose ; mais, en réalité, cette chose même est sortie de ses mains, elle n'existe plus identiquement, elle est censée avoir péri pour le donataire aussi bien que pour le donateur ; donc, le retour légal ne peut être exercé, sauf les précisions que nous ferons plus tard. — Aucun doute ne s'aurait s'élever à cet égard, lorsque l'acte de disposition est entre-vifs, vente, donation ; mais lorsque le donataire a disposé de la chose par testament, on a cherché à élever quelque équivoque, parce que, a-t-on dit, le testament ne produisant ses effets qu'à la mort du testateur, la chose léguée n'est pas sortie de son patrimoine et se retrouve identiquement en nature dans sa succession. Ces doutes ont été promptement levés. Le donateur ayant la propriété pleine et entière de la chose, qu'importe qu'il en dispose de son vivant ou qu'il en dispose seulement pour l'époque de son décès ; le testament, aussi bien que la vente, que la donation, est parfait, comme acte, du moment que les formalités légales ont été remplies ; *seulement, la transmission des biens n'a pas lieu immédiatement et se trouve suspendue jusqu'au moment de la mort.* D'ailleurs, comme nous l'établirons bientôt, l'ascendant donateur qui veut exercer le retour légal, est considéré comme héritier. Or, un héritier n'est appelé à recueillir les biens du défunt, qu'autant que ce dernier n'en a pas disposé en faveur d'autrui par testament, ce qui s'est réalisé dans l'hypothèse indiquée.

Il peut arriver que les choses aliénées soient rentrées dans les biens du donataire par achat, succession, ou autrement; on demande si elles seront soumises au retour légal ? La question est controversée : on dit pour l'affirmative, que la seule condition exigée par l'art. 747, est que les biens se retrouvent en nature, c'est à dire identiquement ; que la loi ne se préoccupe nullement de savoir si ces biens ont perdu un instant la qualité de biens donnés ; le retour légal est admis, par cela seul que le bien donné existe au moment de l'ouverture dans le patrimoine, *sans examiner comment il s'y trouve.* —On répond, avec raison, que les partisans de ce système n'envisagent l'art. 747 que sous un seul aspect, et ne prennent du texte que ce qui leur est favorable. L'article exige deux conditions pour que le retour légal soit possible : 1° qu'il y ait des choses données ; 2° qu'elles se retrouvent en nature. Dans l'hypothèse que nous examinons, la seconde condition est remplie: les biens qui se trouvent dans le patrimoine du donataire sont identiquement les mêmes, quant à leur nature physique que les biens donnés. Mais peut-on dire que ces biens satisfassent à la première condition ? n'ont-ils pas perdu leur nature juridique de biens donnés ? Le défunt les détenait, non plus comme donataire de l'ascendant, mais comme acheteur, donataire ou héritier d'une tierce personne ; ces biens ne se retrouvent donc plus dans la succession du donataire au même titre et avec la même qualité, ils ne peuvent donc pas être sujets au droit exceptionnel de l'ascendant (1). Mais si les biens étaient rentrés dans le patrimoine du donataire par suite de l'annulation de l'aliénation pour dol, violence, lésion, la

---

(1) Cette opinion est celle qui prévalait dans l'ancien Droit ; elle est enseignée par Chabot, Marcadé, Merlin ; elle est combattue par Toullier, Delvincourt, Duranton.

réversion aurait lieu, parce que l'effet de l'annulation
étant rétroactif, les biens seraient censés n'avoir jamais
perdu leur qualité de biens donnés. — Il en serait de
même des biens vendus par le donataire sous faculté de
rachat ou de remise, parce que l'exercice de la faculté
de rachat fait rentrer les biens dans le patrimoine du
donateur, avec la qualité qu'ils avaient auparavant.

Quand un bien donné a été aliéné, non pas pour une
somme d'argent, mais en échange d'un autre bien,
peut-on dire que ce bien nouveau soit subrogé à l'ancien, à tel point que celui-ci soit censé exister toujours
en nature, en vertu de la maxime : *subrogatum capit
locum subrogati?* A ne consulter que le texte de la loi,
on devrait répondre négativement ; mais cette solution
nous paraît contraire à son esprit, puisque, comme nous
le verrons bientôt, l'ascendant donateur peut recueillir
le prix de l'objet aliéné lorsqu'il est encore dû ; à plus
forte raison l'intention du législateur a-t-elle été d'accorder le droit de retour, lorsque l'objet donné se trouve
remplacé par un objet qui, sans doute, n'est pas identiquement le même, mais qui a la même valeur, est
d'une nature analogue, et peut facilement être discerné
des autres biens du donataire. Cette solution, adoptée
généralement et conforme à l'ancienne jurisprudence,
ne doit pas être étendue, sans quoi l'on donnerait à
l'article une portée trop large. — Si, par exemple, le
donataire, au lieu d'échanger l'immeuble reçu à titre
gratuit contre un autre immeuble, l'avait aliéné, et
qu'ensuite il eût employé le prix à acheter un nouvel
immeuble, nous pensons, contrairement à plusieurs
auteurs, que ce nouvel immeuble ne sera pas subrogé
à l'ancien et ne pourra pas être soumis au retour légal,

à moins d'une déclaration formelle du donataire qu'il a
acquis l'immeuble pour lui tenir lieu de celui qu'il avait
aliéné. — Lorsqu'en effet cette déclaration n'a pas eu
lieu, on ne peut pas dire que le bien vendu a été remplacé par l'argent, et que l'argent a été remplacé à son
tour par le bien acquis postérieurement ; car rien
n'indique que la somme reçue ait eu précisément cette
destination ; il se peut qu'elle ait été dissipée ou qu'elle
ait reçu un autre emploi, et que la nouvelle acquisition
provienne d'une autre source.

Les biens n'existent plus en nature, lorsqu'ils ont été
confondus avec les biens propres du donataire. Cette
confusion ne se conçoit guère pour les immeubles, qui
ont une assiette fixe et sont presque toujours susceptibles d'être discernés facilement. Cependant, on peut
en donner quelques exemples : ainsi, mon aïeul me
fait donation de la part indivise qu'il a sur une maison ;
j'acquiers successivement, par achat ou à titre héréditaire, les parts des autres copropriétaires ; je meurs sans
postérité ; est-ce à dire que mon aïeul pourra venir
prendre dans ma succession la portion qu'il m'avait
donnée au détriment des héritiers plus proches, de
mes frères et sœurs, par exemple ? Non, cette portion
ne se trouve plus en nature, elle est absorbée dans le
tout.

Les cas de confusion sont bien plus fréquents quand
la donation consiste en objets mobiliers, et ici encore
nous avons à signaler de grandes dissidences dans la
doctrine. — Je suppose que la donation consiste en
choses qui se consomment par l'usage, denrées, liqui-
des. On comprend qu'il n'est pas nécessaire de retrouver dans la succession identiquement les choses données ;

il suffit qu'il y ait des objets de même espèce, sans quoi le retour légal serait à peu près impossible pour ces choses-là. De même, si la donation a consisté en une somme d'argent, l'ascendant recueillera cette somme qui se retrouve en nature dans la succession et dont l'origine est bien établie, encore que les pièces ne soient pas identiquement celles qu'il avait données. Mais ce cas offre des difficultés quand le donataire, en mourant, n'a pas formellement déclaré que la somme par lui laissée provenait d'une donation faite par son ascendant. On s'est demandé si de cela seul qu'une somme d'argent d'une valeur égale à celle qui avait été donnée se trouvait dans l'hérédité du donataire, le retour légal avait lieu en faveur de l'ascendant, sauf aux héritiers à prouver que la somme ne provenait pas de la donation ? La majorité des auteurs a répondu affirmativement à la question. Nous croyons cependant que l'opinion contraire est préférable. Le retour légal est un bénéfice exceptionnel qui déroge à l'ordre des successions ; c'est donc à celui qui veut en profiter, à établir d'une manière évidente son droit à cet égard. La présomption n'est donc pas en sa faveur; ce sont les héritiers du donataire qui sont appelés à recueillir la totalité du patrimoine du défunt, si l'ascendant ne prouve pas que les choses données existent en nature ; et dans l'espèce qui nous occupe, c'est à lui qu'il incombe de prouver que la somme donnée n'avait pas été dissipée et que c'est bien celle qui se retrouve dans la succession.—Il ne serait besoin d'aucune preuve, si la somme donnée avait été placée par le donataire, avec indication de son origine, et qu'elle fût encore due à l'époque du décès; ou si elle avait été remboursée au moyen de la dation en paiement d'un immeuble.

Que décider si l'ascendant a donné une somme d'argent et que dans la succession du donataire on ne trouve que des obligations, billets ou effets publics? La solution doit être la même que dans le cas précédent. En vain dirait-on que ces créances et effets ne sont que la représentation du numéraire; resterait toujours à prouver que ce numéraire est précisément le numéraire donné, et la preuve devrait incomber, à notre avis du moins, à l'ascendant.

L'ascendant peut avoir donné des billets, des créances ou autres effets incorporels; nul doute qu'il n'ait le droit de les reprendre dans la succession du donataire décédé sans postérité, lorsque ces billets et créances n'ont pas encore été acquittés par paiement, compensation ou autrement. Si, au contraire, ces effets ont été payés par le débiteur, une question analogue à la précédente s'est élevée: celle de savoir si l'ascendant a droit de reprendre, dans le numéraire laissé par le donataire, une somme égale au montant des effets cédés. — Les auteurs qui se sont prononcés en faveur de l'ascendant sur les deux questions précédentes, ont dû adopter la même épreuve pour celle-ci; partant, nous sommes encore d'un avis contraire sur ce point. Le droit de retour n'est possible qu'autant que le donateur prouve que ce numéraire est réellement le produit des effets donnés.

Le donataire d'une somme d'argent a employé la somme reçue à l'acquisition d'immeubles; il décède ensuite sans postérité; l'ascendant recueillera-t-il l'immeuble acquis avec ses deniers? Il faut distinguer: ou bien le donataire a déclaré qu'il acquérait ces biens avec l'argent donné, et alors ces biens seraient censés subrogés aux valeurs émises et comme tels sujets au retour légal;

ou bien cette déclaration n'a pas eu lieu : les biens appartiennent aux héritiers présomptifs du donataire, sauf la preuve contraire de l'origine des deniers, fort difficile à faire. — La même distinction devrait être faite si le donataire revendait les biens acquis, et qu'ainsi leur valeur se trouvât remplacée dans son patrimoine par du numéraire.

II. *Du prix encore dû des biens aliénés.* — Encore que la chose donnée ne se retrouve plus dans le patrimoine du défunt, parce qu'il l'avait aliénée, si le prix de l'aliénation est encore dû, la loi autorise l'ascendant à toucher, exclusivement à tous autres, le montant de ce prix. Ce prix, en effet, qui est la représentation de la valeur de l'immeuble, ne s'est pas confondu avec les biens propres du donataire, conserve sa qualité de subrogé à une chose donnée, et à ce titre a sa source primitive dans la donation même. — Il importe peu que ce prix encore dû, consiste en une somme d'argent, ou un immeuble, ou en une certaine quantité de denrées ou marchandises qui n'ont pas encore été livrées.

Quid si le donataire avait aliéné l'objet moyennant une somme qu'il eût ensuite laissée entre les mains de l'acquéreur à titre de constitution de rente? Le doute vient de ce qu'alors il y a eu novation ; mais nous pensons que le retour légal est encore admis dans ce cas, parce que la condition essentielle que le législateur exige, est que l'objet donné ou son prix ne soit pas confondu avec les autres biens du donataire ; or, ici, cette condition est remplie, la rente constituée en échange de l'immeuble vendu a son existence personnelle.

De ce que le législateur a fait une disposition expresse

pour permettre le retour légal lorsque le prix de l'immeuble aliéné est encore dû par l'acquéreur, qu'ainsi l'aliénation n'est pas encore entièrement consommée, il s'ensuit qu'il a entendu que le retour fût inadmissible, lorsque le prix est une fois entré dans le patrimoine; et c'est ce qui justifie la solution que nous avons donnée plus haut à la question controversée, de savoir si lorsque le prix de l'objet donné, qui a été aliéné, est consacré par le donataire à l'achat de nouveaux immeubles, ces immeubles sont soumis immédiatement, sans déclaration expresse à cet égard, au droit de l'ascendant.

Outre le prix encore dû de l'aliénation, l'ascendant peut réclamer les intérêts échus depuis le décès du donataire. Mais il ne peut pas redemander les intérêts échus de son vivant, ces intérêts sont censés, à son égard, avoir été payés; ils sont entrés, ils ont été absorbés dans la masse héréditaire, et ne font pas partie de la succession anormale attribuée à l'ascendant.

III. *De l'action en reprise qui appartient au donateur.* — L'art. 747 accorde encore un autre droit à l'ascendant donateur lorsque les biens ont été aliénés, que le prix a été payé et est entré dans le patrimoine du donataire, il permet au donateur d'intenter l'action en reprise que pouvait avoir le descendant. — Les mots action en reprise ont ici à la fois un sens général et un sens restreint. Ils peuvent s'appliquer à toute action par laquelle on peut faire rentrer le bien dans le patrimoine, bien qu'ils désignent plus spécialement l'action que le donataire marié avait contre son conjoint. Ceci demande plusieurs précisions.

Je suppose que le donataire fût marié sous le régime de la communauté, et que les biens donnés fussent restés propres soit en vertu de la loi, soit par une convention; l'ascendant aura l'action qu'aurait eue le donataire contre la communauté, pour se faire rendre ces biens en nature s'ils existent encore, ou ceux qui ont été acquis en remploi, ou le prix de ces biens qui ont été aliénés et dont il n'a pas été fait remploi. — Si la donation a été faite à une fille mariée également sous le régime de la communauté, l'ascendant aura le droit, comme l'aurait eu la femme (1472), d'exercer l'action en reprise non seulement sur les biens de la communauté, mais encore sur les biens personnels du mari; et cette action en reprise s'exerce avant celle que peut avoir le mari. Qu'arrive-t-il lorsque les biens donnés sont entrés dans la communauté? Si la donation a été faite au mari et que la femme renonce, l'ascendant aura droit de reprendre la totalité des biens donnés qui existent, parce que la mise en communauté ne pourrait constituer une aliénation qu'à la condition que la femme ou ses héritiers viendraient prendre leur part, ce qui n'est pas arrivé. Si, au contraire, la femme a accepté la communauté, l'ascendant ne pourra prendre que la part des biens donnés attribuée au mari, ou des biens reçus en échange des biens donnés, et même il n'aura rien à réclamer si les reprises ou indemnités dues à la femme absorbent la totalité de la part du mari dans la communauté. — Lorsque la donation a été faite à la femme, qui a mis le bien en communauté, si elle renonce à la communauté qui a été dissoute par la mort du mari ou la séparation de biens, et qu'ensuite elle meure sans postérité, l'ascendant n'aura rien à prendre, à moins que la femme n'eût inséra dans son contrat de mariage une clause formelle, en vertu de laquelle elle aurait le droit de reprendre le bien donné en cas de renonciation à la communauté (1514); si la femme accepte, l'ascendant exercera le retour à concurrence de sa part de communauté.

Quand la donation est faite à une femme qui se marie sous le régime dotal, si la dot a été aliénée hors des cas prévus par la loi, l'ascendant pourra, à la dissolution du mariage, réclamer la nullité de cette aliénation, comme le peut tout héritier. Si l'immeuble qu'il a constitué en dot à la femme décédée sans postérité, a été aliéné dans un des cas de l'art. 1558, ou a été échangé conformément à l'art. 1559, l'ascendant a l'action en reprise sur le bien acquis, avec l'excédant du prix ; ou sur ce prix même, lorsqu'il n'a pas été fait d'emploi, ou sur l'immeuble acquis en contre-échange

Il se peut que le bien donné ait été aliéné par le donataire, mais qu'il y ait lieu à faire annuler l'aliénation pour une cause quelconque. L'ascendant pourra faire prononcer la révocation comme aurait pu le faire le donataire lui-même, et reprendre ainsi le bien donné, qui sera censé n'être jamais sorti du patrimoine du donataire, en vertu de l'effet rétroactif des actions en nullité ou rescision. Ainsi, le donataire a fait une aliénation à titre onéreux : mais cette aliénation est entachée de vices de violence, de dol, de lésion ; rien n'empêche l'ascendant de se prévaloir de ce vice pour la faire annuler; de même, si le donataire avait disposé par acte entre vifs à titre gratuit, en faveur d'un tiers, de la chose donnée, l'ascendant pourrait attaquer cette donation pour un des cas d'ingratitude énumérés en l'art. 955. — Si le donataire avait vendu la chose sous la réserve de la faculté de rachat ou de réméré, et qu'il fût mort ensuite avant l'expiration du délai de 5 ans, cette faculté pourrait être exercée par le donataire. Mais dans tous ces cas, l'ascendant, qui par la voie de l'annulation, de la rescision, ou du rachat, rentre dans la propriété des biens donnés, doit rembourser à l'acquéreur qu'il évince, les sommes qu'il avait payées au donataire ainsi que les intérêts et le montant des impenses qu'il avait faites au fonds.

Lorsque l'aliénation faite par le donataire a eu lieu sous une condition résolutoire, l'ascendant profite du non accomplissement de cette condition arrivée après le décès du donataire; et réciproquement, si l'aliénation était soumise à une condition suspensive, qui ne s'est réalisée que longtemps après le décès du donataire, l'ascendant, après avoir recueilli la chose donnée, se verra dépouillé par l'accomplissement de cette condition.

CHAPITRE V.

A quel titre l'ascendant recueille-t-il les biens donnés? — Conséquences.

Nous avons signalé déjà les deux opinions opposées qui s'étaient formées dans le Droit antérieur à 1789 sur la nature du retour légal. Dans les pays de Droit écrit, le retour légal était considéré comme l'accomplissement d'une condition résolutoire tacite; dans les pays coutumiers, au contraire, il était regardé comme une véritable succession. La doctrine et la jurisprudence sont à peu près unanimes à reconnaître aujourd'hui, que c'est l'opinion des pays coutumiers que la législation du Code Napoléon a sanctionnée. — Un seul auteur a soutenu un système contráiré ; mais il n'a jamais eu de partisans ; et un arrêt de Cassation, 18 décembre 1829 ; l'a énergiquement repoussé. On ne conçoit même pas comment cette opinion ait pu se produire un instant, quand on remarque la place qu'occupe l'art. 747 au milieu du titre des successions, et les expressions si claires de l'article : les *ascendants succèdent*, qui ne sont que la reproduction du texte de la coutume de Paris. Ainsi, le retour légal est considéré comme une véritable succession, mais c'est une succession anormale, soumise à des règles exceptionnelles, dévolue en dehors des principes ordinaires en matière des successions, ne comprenant pas l'ensemble, mais seulement une partie du patrimoine du défunt. — Ces deux principes, à savoir que le retour légal est une succession, et qu'il est une succession anormale, sont féconds en conséquences importantes que nous allons examiner successivement.

§ 1. Du principe que le retour légal est une véritable succession.

L'ascendant donateur est un véritable héritier ; donc, il ne peut être admis à réclamer que lorsqu'il a les qualités requises par la loi pour hériter. Ainsi, lorsque la mort civile était encore en vigueur, on ne faisait aucune difficulté pour reconnaître que l'ascendant mort civilement ne pouvait pas recueillir les biens laissés par le donataire. De même, le droit de retour pourrait être enlevé à l'ascendant pour cause d'indignité, dans les trois cas prévus par l'art. 727 ; attentat à la vie du donataire, accusation capitale contre lui jugée calomnieuse, défaut de dénonciation du meurtre dont il aurait été victime. — La saisine légale a lieu au profit de l'ascen-

dant donateur, comme au profit de tout héritier régulier
(724); donc, il se trouve être immédiatement propriétaire et possesseur des biens qu'il recueille, sans être
tenu d'en demander la délivrance, soit aux héritiers du
défunt, s'il y en a, soit à la justice; donc, il suffit que cette
succession ait fait un seul instant impression sur sa tête,
pour qu'elle soit définitivement enlevée aux collatéraux
ou autres héritiers du donataire, lors même que le
donateur n'eût survécu que quelques instants.

Le retour légal constituant une véritable succession,
toute renonciation que l'ascendant y aurait faite d'a-
vance, soit dans l'acte de donation, soit dans un acte
postérieur, serait nulle d'après l'art. 791.

D'après l'ancien art. 726, l'étranger n'était admis à
succéder, en France, aux biens que son parent français
ou étranger y possédait, qu'autant que la loi de son
pays permettait aux Français de succéder à leurs parents possédant des biens dans le pays étranger. Par
conséquent, l'ascendant étranger qui aurait donné à
ses descendants des biens situés en France, n'était admis à invoquer la disposition de l'art. 747 que lorsqu'un
Français aurait joui, dans son pays, de la même faveur.
Mais ce système de réciprocité a été aboli par la loi du
17 juillet 1819, qui a accordé dans tous les cas, aux
étrangers, le droit de disposer, de succéder et de recevoir
de la même manière que les Français. Depuis cette loi,
le retour légal profite aussi bien à l'ascendant étranger
qu'au Français, pour les biens donnés situés en France.

L'ascendant, à cause de son titre d'héritier régulier,
continue la personne du donateur défunt; il succède à
tous ses droits actifs et passifs. Aussi avons-nous dit
déjà, qu'il peut intenter toutes les actions qui apparte-

naient au donataire; mais aussi, il est tenu de l'obligation aux dettes. S'il concourt avec les héritiers du donataire, il doit contribuer aux dettes à proportion de
la valeur des biens qu'il recueille, et l'on décide même
qu'il y contribue, non pas seulement pour sa part héréditaire, c'est à dire pour la portion pour laquelle il re-
présente le défunt, mais encore pour sa part virile, c'est
à dire pour tout ce qu'il prend dans la masse à un titre
quelconque. Ainsi, s'il venait à la succession à la fois en
vertu de son titre d'ascendant donateur, et en vertu d'un
legs à lui fait par le donataire sur ses biens personnels,
sa contribution, d'après la jurisprudence, se calculerait
sur l'ensemble des biens qui lui reviennent pour éviter
les difficultés inextricables auxquelles donnerait lieu la
détermination précise de la part héréditaire. Ce n'est
pas assez d'avoir fixé la portion pour laquelle l'ascendant contribue aux dettes, c'est à dire d'avoir étudié
ses rapports avec ses cohéritiers, il faut rechercher dans
quelle mesure il peut être poursuivi par les créanciers,
et quelle est la limite de son obligation.

S'il accepte purement et simplement, s'il ne recourt
pas au bénéfice d'inventaire, dont les effets sont de créer
deux patrimoines distincts et de restreindre l'obligation
des héritiers, l'ascendant doit acquitter toutes les dettes
et charges de la succession, même *ultra vires hereditatis*,
c'est à dire lors même que la portion des dettes mises sur son compte excéderait la valeur des biens qu'il
recueille. — Mais en vertu du principe de la division
des dettes, il ne peut pas être poursuivi *in solidum* pour
tout le montant des dettes du défunt, et il peut exiger
que l'action des créanciers soit répartie entre lui et les
autres héritiers du donataire, proportionnellement à la

9

part de chacun, lors même d'ailleurs que ces héritiers
se trouveraient insolvables. — Un auteur (1) a adopté à
cet égard un système bien plus favorable à l'ascendant
donateur; il voudrait que les créanciers puissent poursuivre pour le tout les héritiers ordinaires, en faisant
abstraction de l'ascendant, sauf ensuite leur recours
contre lui pour ce qu'ils auraient payé au-delà de leur
portion héréditaire. Ce système pourrait être préjudi-
ciable aux héritiers, car l'insolvabilité de l'ascendant
pourrait rendre leur recours illusoire, et ils se trouveraient obligés ainsi, de supporter des dettes pour des
biens dont ils n'auraient pas recueilli l'émolument. Heu-
reusement, ce système est arbitraire, opposé au texte
formel de l'art. 873: l'ascendant est héritier; et comme
tel, on ne conçoit pas qu'il ne fût pas soumis directement
à l'action des créanciers dans une certaine mesure.

Les biens qui reviennent à l'ascendant peuvent avoir
été grevés, par le donataire, de charges, hypothèques,
servitudes, en faveur des tiers; comme continuateurs de
la personne, l'ascendant est tenu de supporter ces mêmes charges, et comme tel, il pourra être soumis à l'action hypothécaire pour la totalité de la dette, même au-
delà de sa part virile, en vertu du principe de l'indivisibilité de l'hypothèque; mais il aura une action contre
ses cohéritiers, en restitution de l'excédant qu'il aura
été obligé de payer (873). Cette action en restitution ou
en recours ne pourra être intentée contre chacun des
héritiers que pour leur part, et les insolvabilités devront
se répartir entre eux au marc le franc (875, 876).

L'ascendant donateur est également tenu d'acquitter

(1) Duranton.

les legs: pour la totalité, si les legs portent sur la chose donnée ; proportionnellement à sa part (1017), si le défunt n'avait pas dans son testament imputé le paiement des legs sur telle ou telle portion de son patrimoine ; mais s'il peut être tenu des dettes *ultrà vires emolumenti*, il n'est jamais tenu d'acquitter les legs qu'à concurrence de ce qu'il recueille. La raison en est simple : il était loisible au défunt de contracter un nombre d'obligations supérieur à ses ressources pécuniaires, peut-être même était-il de bonne foi, se faisait-il illusion sur sa position ; ses héritiers, en acceptant aveuglement sa succession, sont censés avoir ratifié tous ses engagements et s'être engagés vis à vis des créanciers dans la même mesure que lui. Au contraire, la valeur du legs ne peut jamais dépasser celle du patrimoine, parce que s'il est permis à tout le monde de disposer de son bien, il n'est permis à personne de faire des libéralités avec le bien d'autrui ; et c'est ce qui aurait l'eu, si les légataires pouvaient demander à l'héritier une partie de son patrimoine propre pour compléter leur legs.

Comme tout héritier quelconque, l'ascendant a trois partis à prendre : accepter purement et simplement, accepter sous bénéfice d'inventaire, renoncer. L'acceptation pure et simple ne fait que confirmer la saisine ; aussi l'art. 777 dit-il que l'effet de l'acceptation remonte au jour de l'ouverture ; d'où il suit que les actes, concessions d'hypothèques, de servitudes, aliénations, etc., faits par l'ascendant sur les biens donnés durant le temps intermédiaire entre le décès du donataire et l'acceptation, sont valables. — Bien plus, ces actes mêmes constitueraient un mode d'acceptation tacite. —

L'acceptation a pour effet d'être irrévocable ; cependant, l'art. 783 énumère deux cas exceptionnels où l'héritier peut se faire relever de son acceptation : c'est lorsqu'il a été victime d'un dol, ou lorsque la succession se trouve diminuée de plus de moitié par la découverte d'un testament postérieur inconnu au moment de l'acceptation ; cet article peut évidemment être invoqué par l'ascendant donateur. — Si la donation émanait d'une femme, de la mère ou de l'aïeule qui fût encore sous puissance de mari, elle aurait besoin du consentement du mari pour recueillir les biens donnés (776). Si l'ascendant accepte sous bénéfice d'inventaire, il doit remplir les formalités, et il est soumis aux obligations tracées par la section 3 du chapitre 5 du titre des successions ; la déclaration doit être faite au greffe du tribunal civil du lieu où s'ouvre la succession ; il a un délai de trois mois pour faire inventaire et de quarante jours pour délibérer ; encore que ses délais soient expirés, il conserve la faculté de faire inventaire et de se porter héritier bénéficiaire, à moins qu'il n'ait déjà fait acte d'héritier pur et simple ; enfin, il est chargé d'administrer les biens de la succession et de rendre compte de son administration aux créanciers et légataires, sauf la faculté d'abandon. — Si l'ascendant opte pour la renonciation, il faut que cette renonciation soit expresse et qu'elle ne soit pas faite en fraude de ses créanciers, sans quoi elle pourrait être annulée, mais vis à vis d'eux seulement (788). — L'ascendant qui aurait diverti ou recelé des objets de la succession, serait privé de la faculté de renoncer aussi bien que de la faculté de se porter héritier bénéficiaire. L'ascendant qui aurait renoncé pourrait revenir sur sa renonciation et se porter héritier, si les objets donnés n'avaient pas encore été recueillis par d'autres héritiers. Enfin, il peut arriver que l'ascendant ait laissé passer le délai de la prescription, trente ans, sans prendre parti sur la succession qui lui est dévolue par la loi; l'art. 789, dont le sens est vivement controversé, porte que la faculté d'accepter ou de répudier est alors perdue; cet article, selon nous, doit être entendu dans ce sens que la faculté de renoncer ne peut plus être exercée; en sorte qu'en vertu de la saisine, l'ascendant est et demeure définitivement héritier des choses données.

La donation peut émaner à la fois de deux personnes : du père et de la mère, de l'aïeul et de l'aïeule. Si l'acte de donation n'indique pas pour quelle portion chaque donateur contribue, il est présumé contribuer pour moitié, et au décès du donataire chacun a droit à la moitié des biens donnés. Ces biens ainsi recueillis, sont régis par des règles différentes, suivant le régime matrimonial des ascendants. S'ils sont soumis à la communauté, les meubles deviennent communs et les immeubles restent propres à chacun d'eux; si la femme s'est soumise au régime dotal, les biens qu'elle recueille sont dotaux ou paraphernaux, suivant qu'elle s'est constituée ses biens présents ou à venir, ou ses biens présents seulement.

Puisque le retour légal n'est pas considéré comme une condition tacite du donateur, mais comme entraînant une mutation de propriété, il est passible du droit de mutation proportionnel, et c'est ce que la jurisprudence a décidé dans plusieurs circonstances; tandis que ce droit ne peut être prélevé sur le retour conventionnel, c'est à dire sur ce droit établi en vertu d'une

clause formelle de la donation et inhérente à cet acte
même. Cette matière a donné lieu à une question assez
importante, qui touche aux principes de la non rétroac-
tivité des lois. Une donation a été faite avant 1789 dans
un pays de Droit écrit, le donataire n'est mort qu'après
la promulgation du Code Nap.; on demande si l'ascendant qui recueille le bien donné, doit payer un droit proportionnel, conformément à la loi nouvelle, ou s'il en est
affranchi comme le voulait la loi ancienne; en d'autres
termes, pour généraliser la question, l'effet du retour
légal doit-il être réglé par la loi existante au moment
du décès du donataire, où par la loi en vigueur au moment de la donation ? Nous répondons qu'il faut suivre
la loi en vigueur au moment de la donation, parce que,
quoique le retour légal ne s'ouvre qu'au moment du
décès, les parties ont entendu se soumettre à la loi en
vigueur au moment de l'acte qui intervenait, et elles
l'avaient accepté dans tous ses effets tels quels, puisqu'elles n'y avaient pas dérogé par des clauses formelles ; la donation n'eut peut-être pas eu lieu si l'ascendant eût pu prévoir les modifications qui seraient ap-
portées à son droit éventuel; enfin, ce serait donner un
effet rétroactif à la loi nouvelle que d'étendre telle ou
telle de ses dispositions à une donation dont l'existence
était antérieure à sa promulgation. Aussi, dans l'espèce
proposée, la jurisprudence a-t-elle décidé que l'ascendant n'était pas soumis au droit proportionnel de mutation, lorsqu'il recueillait la chose donnée.

Par une suite du même principe, il faudrait décider
qu'il n'y a pas lieu au retour légal d'une donation faite
sous l'empire de la loi du 17 nivose an II, qui n'admettait que le retour conventionnel, encore bien que le do-

nataire vienne à décéder sous l'empire du Code Napoléon.

Quoique la succession dévolue à l'ascendant donateur soit soumise à la plupart des règles qui régissent les successions ordinaires, ce n'en est pas moins une succession d'une nature spéciale, et l'on ne peut pas dire que l'ascendant soit assimilé complètement à un héritier. Qui dit héritier, en effet, dit continuateur de la personne du défunt pour tout le patrimoine, et non pas pour telle ou telle portion déterminée. Sans doute, lorsqu'il existe plusieurs héritiers, le patrimoine se divise, et chacun n'en prend qu'une part ; mais le partage n'a lieu que parce qu'il est moralement impossible que plusieurs individus aient en même temps, et pour la totalité, la propriété du même objet ; en fait, chacun est appelé éventuellement au tout, et cela est si vrai, que si tous les héritiers, à l'exception d'un seul, viennent à défaillir, celui-ci recueille la succession en entier, comme si les autres n'eussent jamais été héritiers.

Or, telle n'est pas la position de l'ascendant, lorsqu'il n'est apte à se prévaloir que de son titre de donateur : il n'est appelé à prendre qu'une portion, cette portion du patrimoine qu'il a lui-même fait entrer dans les biens du défunt ; il n'a pas l'éventualité de recueillir le tout, au moins tant qu'il n'aura pas d'autre qualité que celle de donateur. Il est héritier si l'on veut, mais il est *héritier in re singulari* ; et remarquez même que ce n'est pas une part aliquote sur tous les biens indistinctement à laquelle l'ascendant succède, ce sont certains biens déterminés dont l'origine doit être parfaitement démontrée. Cette succession est donc anormale sous un double rapport : 1° en ce qu'elle n'embrasse qu'une partie du patrimoine ; 2° en ce que, pour déterminer cette partie, il est nécessaire de rechercher l'origine des biens, contrairement à l'art. 732. On voit par là que la conséquence immédiate du retour légal est de scinder le patrimoine du défunt en deux parts : l'une comprenant les biens donnés, l'autre qui se compose des biens advenus de sources différentes ; et comme ces deux successions ne sont pas offertes ou peuvent ne pas être offertes aux mêmes personnes, il nous faut étudier les rapports qu'elles ont entre elles, et concilier les droits de l'ascendant et ceux des héritiers du donataire.

Je suppose que le donataire défunt ait laissé des héritiers qui, d'après les règles ordinaires, devraient exclure le donateur, des frères et sœurs, par exemple, ou descendants d'eux qui concourent avec un aïeul ; les frères et sœurs ont droit à la totalité des biens propres, et l'ascendant ne peut réclamer que les biens donnés qui se retrouvent en nature. — Bien plus, il peut n'avoir rien à réclamer si le défunt avait disposé par testament des biens donnés, soit en faveur de ses frères et sœurs, soit en faveur d'un étranger ; l'ascendant, en effet, en qualité de donataire, n'a pas droit à une réserve sur les biens donnés ; la réserve est une quotité de biens que le propriétaire est obligé de laisser à ses héritiers sans pouvoir en disposer à titre gratuit ; or, nous savons déjà que le donataire peut disposer à sa fantaisie d'une manière quelconque des objets reçus.

Les frères et sœurs du défunt n'ont pas non plus de réserve sur la succession ordinaire ; en sorte qu'il est

libre au donataire qui décède sans postérité, ne laissant
que des frères et sœurs et un aïeul, de disposer de la totalité tant des biens propres que des biens donnés, ou
des biens donnés seulement, ou seulement des biens propres. Dans le premier cas, il ne s'ouvre aucune espèce de
succession *ab intestat;* dans le second, c'est la succession
ordinaire seulement qui s'ouvre, et le retour légal n'a
pas lieu ; dans le troisième, les frères et sœurs n'ont rien
à réclamer, et l'ascendant, quoique à un degré plus éloi-
gné qu'eux, n'en vient pas moins recueillir les biens donnés. Ces diverses situations n'offrent aucune espèce de
difficulté ; il n'en est pas de même de la situation de l'ascendant, qui se trouve en présence non plus des frères et
sœurs, mais des pères et mères de son petit-fils donataire. — Le cas est encore très simple, lorsque le défunt
n'a fait aucune disposition gratuite : l'ascendant recueille
les choses données ; et quant aux biens propres, les
pères et mère ont droit à la moitié, s'il existe des frères
et sœurs ; à la totalité, s'il n'en existe pas. Mais qu'arrive
t-il en cas de d'sposition testamentaire? Si ces dispositions ne portent que sur les biens donnés, le droit de
l'aïeul est perdu, et la succession est dévolue d'après les
règles ordinaires. — Si le défunt a disposé à la fois des
biens donnés et des biens propres, le droit de l'ascendant disparaît, ainsi que celui des frères et sœurs ; mais
les pères et mère, ayant droit à une réserve d'après
l'art. 915, n'en viendront pas moins à la succession malgré le testament; ils ont également le droit d'y venir
lorsque les legs faits par le défunt sont tout entiers attribués sur les biens propres, et permettent à l'aïeul d'exercer le retour légal. Ce point n'est pas susceptible de
controverse; mais les divergences d'opinion commen-

cent dès qu'il s'agit 1° de savoir sur quels biens doit s'imputer cette réserve due aux pères et mère ; 2° d'en calculer la quotité.

Sur la première question, nous n'hésitons pas à répondre que la réserve des père et mère doit s'imputer exclusivement sur les biens propres du donataire. En effet, si le législateur eut voulu concéder aux réservataires le droit de prendre leur réserve sur les choses données, se serait-il servi de ces expressions générales et illimitées : *les ascendants donateurs succèdent à l'exclusion de tous autres* ; n'aurait-il pas compris qu'il fallait modifier cette disposition en y insérant une exception formelle en faveur de l'héritier à réserve. — En outre, le législateur n'aurait-il pas manqué son but d'encourager les ascendants à faire des donations, si la seule présence d'ascendants plus proches suffisait pour absorber, même en totalité, les choses données, et empêcher l'exercice du retour légal.

En second lieu, la réserve doit-elle être fixée d'après la valeur du patrimoine, considérée dans son ensemble, ou seulement d'après la valeur de ce patrimoine, déduction faite des biens donnés qui constituent une succession à part. Une espèce fera voir à quels résultats différents on arrive en suivant l'un ou l'autre de ces deux systèmes : Titius a reçu de son aïeul maternel une somme de 50,000 fr. pour se livrer au commerce ; à la suite de quelques entreprises heureuses, il gagne 50 p. 0/0, et il meurt peu de temps après laissant une fortune de 100,000 fr. Il n'a pas d'autre héritier ordinaire que son père ; mais il a disposé par testament des 50,000 fr. qu'il a gagnés, en faveur d'un étranger, de son associé, par exemple ; et quant aux 50,000 fr. restant, l'aïeul les réclame en sa qualité de donateur. Le père, en vertu de l'art. 915, a droit de faire réduire le legs; la question est de savoir si le père a droit au quart de toute la succession, c'est à dire à 25,000 fr. qui doivent s'imputer en entier sur le legs des 50,000 fr., d'après ce que nous venons de dire, ou si le légataire peut lui répondre que les biens donnés ne doivent pas être pris en considération pour fixer le quantum de la réserve, et qu'en conséquence son droit est restreint au quart de la succession ordinaire, c'est à dire à 12,500 fr. ? Cette dernière opinion prévaut en doctrine (1); et c'est en effet la conséquence rigoureuse du principe de la séparation des deux successions spéciale et ordinaire, celle de l'art. 747 et celle de l'article 746 combiné avec l'article 915. Mais cette opinion, combattue par Toullier, ne nous paraît pas admissible avec le texte formel de l'art. 922, ainsi conçu : « La réduction se détermine en faisant une masse de *tous les biens existants du testateur.* » N'est-il pas évident que le législateur a entendu par là que la masse devait être formée de tous les biens du testateur, tant meubles qu'immeubles, de quelque manière qu'il en ait acquis la propriété, soit qu'il les ait reçus par donation, soit qu'il les ait gagnés par son industrie. Le Droit n'est pas une science mathématique, et l'on aboutirait souvent à des résultats iniques si l'on voulait pousser un principe jusqu'à ses dernières conséquences. Nous penserions donc que la réserve du père devrait se calculer sur l'ensemble du patrimoine; mais, d'après ce que nous avons dit sur la première question, la réduction ne préjudicierait qu'au légataire et l'aïeul recueil-

(1) Chabot, Delvincourt, Duranton, Marcadé, etc.

lerait en totalité les choses données. Ainsi, admettons que les biens propres du donataire soient insuffisants pour acquitter la réserve du père; il a reçu 50,000 fr. de son aïeul, et il n'a gagné que 10,000 fr. qu'il a légués par testament à un tiers. La réserve du père, calculée sur l'ensemble du patrimoine, est de 15,000: il a droit de prendre en totalité les 10,000 fr. dont le défunt avait disposé. Tandis que d'après l'opinion des partisans du système contraire, il n'aurait que 2,500 fr.; mais là se bornera son droit, et il ne sera pas admis à venir réclamer, sur la succession dévolue à l'ascendant, les 5,000 fr. qui compléteraient sa réserve. De même, si la succession du défunt se composait exclusivement des biens donnés, ces biens seraient attribués pour le tout à l'aïeul donateur, et le droit de réserve ne serait d'aucune utilité pour le père.

Jusqu'ici nous avons admis que l'ascendant ne venait qu'en vertu de son titre de donateur; nous devons examiner maintenant les phénomènes qui se produisent lorsqu'il invoque à la fois son titre d'ascendant et son titre de donateur, lorsqu'il vient à la fois à la succession normale et à la succession exceptionnelle de l'art. 747.

L'ascendant donateur peut être appelé à la succession ordinaire de ses descendants décédés, dans plusieurs cas: 1° s'il est ascendant au premier degré, il a droit de concourir avec les frères et sœurs, et un quart lui est attribué; 2° encore qu'il ne soit pas ascendant au premier degré, s'il n'existe pas de frères et sœurs et qu'il soit l'héritier le plus proche dans la ligne auquel il appartient, il a droit à la moitié de la succession; il peut même recueillir le tout s'il n'existe aucun parent au degré successible dans la ligne opposée. Lorsque l'ascendant donateur est appelé, concurremment avec d'autres héritiers, à la succession, il commence par prélever hors part les choses données, puis il vient réclamer sa part dans la succession des biens propres. Or, tout ascendant appelé à une succession, a un droit de réserve; donc, lors même que le défunt aurait disposé de la totalité de ses biens propres, l'ascendant, après avoir exercé le retour légal, pourrait intenter l'action en réduction, relativement aux choses léguées, jusqu'à concurrence du montant de sa réserve; et même, suivant l'opinion que nous avons soutenue plus haut, cette réserve, quoique imputable seulement sur les biens propres, devrait se calculer sur l'ensemble du patrimoine; en sorte que si le donataire avait laissé 50,000 fr. de biens acquis par donation et 50,000 fr. de biens propres, l'ascendant aurait droit à 75,000 fr. Si le défunt avait légué les choses données ou si les legs comprenaient la totalité du patrimoine, le donataire ne pourrait plus invoquer le droit de retour, mais il se prévaudrait du titre d'ascendant venant à la succession *ab intestat*, pour réclamer le quart qui lui est réservé; et dans l'exemple que nous avons choisi, il aurait droit à 25,000 fr.

Il se peut que le défunt ait laissé des ascendants dans les deux lignes qui, d'après les principes ordinaires, auraient droit chacun à la moitié de la succession, comme héritiers les plus proches, en l'absence d'enfants, de frères et sœurs ou descendants d'eux; et en cas de dispositions testamentaires, chacun aurait une réserve d'un quart; mais il se trouve que l'un des ascendants, l'aïeul paternel, par exemple, est donateur; le défunt n'a disposé que de ses biens personnels et est mort *intestat* quant

anx autres ; on demande quelle est la part qui revient
à chaque ascendant? L'ascendant donateur recueillera
d'abord les biens donnés, soit 50,000 fr. sur 100,000 ;
il a en outre droit à sa réserve du quart, calculée, conformément à l'art. 922, sur les 100,000 fr.; il aura donc,
en définitive, 75,000 fr. L'aïeul maternel a droit également à une réserve du quart; mais cette réserve ne se
calcule que sur les biens personnels du défunt, parce
que l'art. 913, en disant que les biens réservés au profit des ascendants sont recueillis par eux dans l'ordre
où la loi les appelle, dit implicitement qu'ils n'ont pas
de réserve sur les biens qu'ils ne peuvent pas recueillir;
la réserve de l'aïeul maternel, calculée sur 30,000 fr.,
sera donc de 12,500 fr., et les 12,500 fr. restants seront
pris par le légataire.

Lorsqu'un ascendant donateur du premier degré concourt avec des frères et sœurs, il a droit au quart, et ce
quart devra se calculer encore sur l'ensemble du patrimoine, sans quoi il n'aurait pas sa réserve. Ainsi, un
homme laisse pour héritier son père et ses frères et
sœurs ; sa fortune monte à 150,000 fr., dont 80,000 fr.
proviennent du chef du père; le père, outre ces 50,000 fr.,
peut réclamer le quart de la fortune, 37,500 fr., et les
frères et sœurs se partageront les 62,500 fr. restants.

Tels sont les résultats auxquels on arrive pas la combi-
naison des art. 747, 913 et 922, mais qui laissent intact
le principe que les biens donnés et les biens ordinaires
forment deux maximes distinctes. Or, si ce principe est
constant, on ne conçoit pas qu'on ait pu élever la question de savoir si l'ascendant appelé simultanément aux
deux successions, peut renoncer à l'une en acceptant
l'autre? L'affirmative nous paraît manifeste; en vain

dit-on que nul ne peut être héritier pour partie :
nemo pro parte hœres; qu'on doit accepter ou renoncer pour la totalité; l'ascendant n'est pas héritier pour
partie, puisqu'il y a deux successions : il recueille
la totalité de l'une et ne prend rien de l'autre. Il
est, par exemple, loisible à l'ascendant donateur appelé à succéder à tout le patrimoine, de prendre les
biens donnés en renonçant à la succession ordinaire. Il
aurait intérêt à agir de la sorte, lorsqu'après avoir
exercé la réversion il s'apercevrait que les biens de la
succession sont absorbés et au-delà par les dettes ; en
répudiant sa qualité d'héritier ordinaire, il ne serait
tenu vis à vis des cohéritiers que dans la proportion de
ce qu'il a recueilli; il est également intéressé à faire cette
renonciation, lorsqu'il a reçu du défunt des dons ou
legs plus considérables que la part qu'il aurait à prendre
dans la succession ordinaire, et qu'il serait tenu de rapporter s'il ne renonçait pas. D'ailleurs, lors même que
le défunt a laissé un passif supérieur à son actif, l'ascendant, en acceptant la succession des biens donnés,
bien qu'onéreuse, peut être mu par des considérations
d'un autre ordre ; ces biens, qu'il tient de ses ancêtres,
qui sont peut-être depuis longtemps le patrimoine de sa
famille, ont pour lui une valeur d'affection qu'il ne saurait avoir pour des biens récemment acquis par son descendant; on conçoit donc qu'il veuille les reprendre,
coûte que coûte, au prix même de sacrifices plus ou
moins considérables.

L'ascendant appelé simultanément à recueillir les
biens donnés et les biens propres accepte, mais il n'ex-
plique pas son intention; il n'indique pas s'il entend
accepter les deux successions ou l'une d'elles seule-

ment. — De deux choses l'une, ou bien les circonstances établissent que l'acceptation porte sur telle ou telle succession ou sur toutes les deux à la fois, et alors on devra décider d'après ces circonstances ; ou bien l'intention de l'ascendant n'est manifestée par aucune circonstance, et alors, puisqu'il n'a pas restreint son acceptation à telle ou telle partie du patrimoine laissé par le donataire défunt, il est censé avoir accepté le tout ; donc, les auteurs qui ont soutenu que l'acceptation se borne à la succession privilégiée de l'art. 747, sont dans l'erreur.

L'ascendant qui reprend les immeubles donnés, profite de tous les accroissements et incorporations survenus à ces immeubles par alluvion ou autrement ; c'est la juste compensation de ce qu'il est obligé de subir les dégradations et charges faites par le donataire, les servitudes qu'il a concédées, les prescriptions qu'il a laissées courir.—C'est, en effet, un point universellement admis, que le donateur n'a droit à aucune indemnité pour les faits provenant du donataire ; il n'aurait rien si le donateur avait disposé des objets donnés, et *s'il peut n'avoir rien*, à plus forte raison peut-il avoir moins. Mais de ce que l'ascendant recueille le bénéfice des *améliorations naturelles* survenues au fonds donné, il ne faudrait pas conclure, comme l'ont fait quelques auteurs, Toullier notamment, qu'il ne doit aucune indemnité pour les augmentations et améliorations que le donataire a procurées à la chose. Le donataire, en effet, pour payer ces améliorations, a été obligé de prélever une somme d'argent sur ses biens personnels ; il a donc diminué d'autant sa succession ordinaire, au bénéfice de la succession privilégiée de l'art. 747 ; il est donc juste que l'ascendant, qui ne vient qu'à la succession des biens donnés, paie une indemnité aux héritiers du donataire pour ces impenses, parce que nul ne doit s'enrichir aux dépens d'autrui. Il est tenu de rembourser les impenses nécessaires faites pour la conservation des biens donnés, lors même qu'elles n'auraient pas amélioré le fonds, parce qu'il aurait été obligé de les faire lui-même s'il était resté propriétaire (art. 862); et quant aux impenses simplement utiles, il doit les acquitter, conformément à l'art. 861, non pas à raison de ce qu'elles ont coûté, mais à raison de ce dont la valeur de l'immeuble se trouve augmentée au décès du donataire. — Les impenses usufruitières ou d'entretien étaient à la charge du donataire, qui percevait la jouissance; les héritiers n'ont donc rien à réclamer à l'ascendant; il en serait de même des dépenses voluptuaires ou de pur agrément; il n'en est pas tenu compte, sauf le droit qu'auraient les héritiers, en vertu de l'art. 599, de retirer ce qui peut s'enlever *sine detrimento rei*, et de rétablir les choses dans leur ancien état.

C'est par application de ces principes, que lorsque la donation consiste en un héritage rural, l'ascendant a droit aux récoltes pendantes au moment de la mort du donataire; mais il devrait compte aux héritiers de ce donataire des frais de culture et de semence, contrairement à ce qui a été décidé par la loi pour l'usufruit (art. 585.)

10

APPENDICE.

Du retour légal comparé au retour conventionnel.

Après avoir ainsi étudié les effets du retour légal, il ne nous reste plus, pour bien faire connaître sa nature, qu'à établir un court parallèle de ce droit avec le droit de retour conventionnel.

Le retour légal et le retour conventionnel diffèrent presque en tout ; ils ont d'abord une source différente : l'un naît de la loi même, l'autre d'une stipulation ; le premier n'est établi qu'en faveur de certains donateurs, des ascendants, tandis qu'un donateur quelconque peut stipuler en sa faveur la réversion des biens donnés (351). Le retour légal ne peut être exercé que dans le cas du prédécès du donataire mort sans postérité ; tout donateur, au contraire, peut convenir qu'il reprendra les biens donnés, soit dans le cas de prédécès du donataire et de sa postérité, soit même dans le cas de prédécès du donateur seul, encore qu'il vienne à laisser des descendants.

Le retour légal et le retour conventionnel ont cela de commun, qu'ils constituent tous deux un bénéfice personnel au donateur, et qu'ils portent sur tous les biens donnés, meubles ou immeubles ; mais les effets qu'ils produisent sont bien différents. Le donataire peut enlever à son ascendant le bénéfice du retour légal, en aliénant les biens donnés à titre gratuit ou onéreux, par acte entre-vif ou testamentaire ; si les biens subsistent encore en nature lors du décès, l'ascendant ne les

recueille qu'à titre de successeur, et comme tel, il est
contraint de respecter les charges et hypothèques qui
les grèvent; il est tenu de contribuer aux dettes pour
sa part; il doit payer un droit proportionnel de mutation ; enfin, il est soumis à toutes les obligations que
nous avons examinées en détail. Tout autre est le droit
de retour stipulé : c'est une condition résolutoire mise
à la donation ; par conséquent, si la condition se réalise,
c'est à dire si le donateur survit au donataire ou à sa
postérité, le donataire, en vertu de l'effet rétroactif, est
censé n'avoir jamais été propriétaire ; les actes qu'il a
faits avec des tiers sont regardés comme non avenus ;
les aliénations s'évanouissent et les biens reviennent au
donateur, francs et quittes des charges, hypothèques, servitudes concédées. La seule exception faite à ce principe est pour l'hypothèque légale de la femme, qui n'en
continue pas moins de grever les biens de l'époux donataire, pourvu que les autres biens soient insuffisants
et que la donation ait été faite par le même contrat de
mariage d'où résulte cette hypothèque.

Puisque le donateur ne recueille pas les biens donnés
à titre de succession, aucune des règles que nous avons
posées ne lui sont applicables ; ainsi, il n'est pas tenu
d'acquitter les dettes du défunt, il ne doit aucun droit
de mutation, il a droit à une indemnité pour les dégradations qui proviennent du chef du donataire ; mais par
réciprocité, comme il ne doit pas s'enrichir aux dépens
des héritiers du donataire, il doit leur tenir compte de
la plus value que ces biens ont acquise par les construc-
tions, plantations, ouvrages quelconques que le donataire y a faits.

En fait, il n'est pas difficile de reconnaître si c'est en

vertu du retour légal (747) ou en vertu du retour conventionnel (951), que le donateur réclame les biens
donnés. Toutefois, il s'est élevé à cet égard une question; on s'est demandé si l'ascendant qui, en faisant
une donation, a déclaré se *réserver le droit légal de retour*, était régi par l'art. 747 ou s'il pouvait invoquer
l'art. 951. La question ne nous paraît pas douteuse. Le
retour légal, le mot l'indique assez, est un bénéfice
accordé par la loi en faveur de certaines personnes,
lorsqu'il n'existe pas de convention entre elles et le
donataire; mais ici le donateur a prévu le prédécès du
donataire et en a réglé les suites; qu'importent les expressions dont il s'est servi à cet effet. Se réserver le
droit légal de retour, qu'est-ce, en définitive, sinon
stipuler en sa faveur le retour des biens pour tel ou tel
cas déterminé? Nul doute donc qu'il ne faille appliquer
à cet ascendant donateur les dispositions des art. 951
et 952, et non pas celles de l'art. 747.

PROPOSITIONS.

Droit Romain.

1. Le constructeur de mauvaise foi qui, avec ses matériaux, élève une maison sur le sol d'autrui, a droit d'être indemnisé des impenses nécessaires et utiles qu'il aura faites; et en outre, si l'édifice est démoli, il a droit de revendiquer les matériaux, s'il n'est pas prouvé qu'il ait eu l'intention de les donner. (Dig. 38, *de Hered pet.*, C. 2, liv. 3, 32. — Comp. Inst., liv. 2, 30, *de Divis. rer.*)

2. Si un héritier a été institué seulement pour *une chose déterminée*, *certa res*, concurremment avec des héritiers institués pour *une partie aliquote*, il doit être considéré simplement comme légataire, tant vis à vis des héritiers que vis à vis des tiers; en conséquence; il ne peut pas exercer l'action *familiæ erciscundæ*, ni la pétition d'hérédité contre les détenteurs; il peut être soumis à la réduction par suite de l'exercice de la *Falcidie;* il n'est pas tenu des dettes, etc. (Code, l. 13, 6, 24.)

3. A l'époque de la *cessio in jure*, lorsque l'usufruitier cédait *in jure* son droit à un tiers, l'acte qu'il faisait était sans valeur, non pas en ce sens que l'usufruit retournât au nu-propriétaire (Pomp., Dig., l. 66, 23, 3), mais en ce sens seulement que le droit, nonobstant cette cession, résidait toujours sur la tête de l'usufruitier (G. 2, § 35.)

4. Dans le contrat de société, lorsque la convention n'a pas fixé les parts des associés dans les bénéfices et dans les pertes, les parts sont égales, d'une égalité absolue, et non pas d'une égalité proportionnelle aux mises.

Droit Français.
(CODE NAPOLÉON.)

1. Lorsqu'un donataire a négligé de faire transcrire, les donataires postérieurs ont, comme les acquéreurs à titre

onéreux, le droit de se prévaloir du défaut de transcription.

2. Les immeubles qu'un étranger possède en France ne sont soumis à l'hypothèque légale de sa femme, qu'autant que la loi de son pays les y assujettirait, et qu'il y aurait une convention diplomatique entre ce pays et la France.

3. Les servitudes continues et apparentes sont susceptibles de s'acquérir par une prescription de 10 et 20 ans; si elles sont fondées sur un juste titre et la bonne foi.

4. La révocation d'un testament est valablement faite par un acte sous seing-privé, daté et signé du testateur, et ayant ainsi la forme d'un testament *olographe, quoique cet acte ne contienne pas une disposition expresse des biens du testateur.*

5. L'action révocatoire ou Paulienne n'a point d'effet contre un sous-acquéreur à titre onéreux, de bonne foi

Droit Criminel.

1. Pour qu'il y ait chose jugée, il suffit de l'identité matérielle du fait, il n'est pas nécessaire qu'il y ait identité de qualification légale ; si, par exemple, une femme prévenue d'avoir donné la mort à son enfant a été acquittée sur le chef d'infanticide, elle ne pourrait plus être l'objet d'une nouvelle poursuite et comparaître sous la prévention d'homicide involontaire.

2. Lorsqu'un fait donne lieu à l'exercice de l'action publique et de l'action civile, la partie lésée qui a porté l'action devant le tribunal civil, peut se désister et nantir le tribunal de répression, ou réciproquement abandonner la juridiction de répression pour la juridiction civile, pourvu, dans les deux cas, que le défendeur y consente.

3. De même qu'il est admis en jurisprudence que le désistement du mari de la plainte en adultère portée contre sa femme fait cesser les poursuites du ministère public, de même, le désistement de la femme de la plainte en adultère formée contre le mari, doit être une cause d'extinction de l'action publique.

Droit Administratif.

1. Non seulement le refus d'autoriser la construction d'une usine est un acte du pouvoir gracieux qui ne donne lieu à aucun recours, mais encore il faudrait valider l'insertion dans l'acte de concession d'une clause, portant : que l'administration pourra ordonner la destruction, *sans indemnité*, des usines et ouvrages établis, même sur les cours d'eau non navigables ni flottables.

2. Non seulement les tribunaux ne peuvent pas apprécier le mérite au fond d'un arrêté de conflit, mais même ils sont tenus de s'arrêter devant un conflit qu'ils estimeraient irrégulier en la forme.

3. Le droit qu'ont les officiers ministériels et leurs héritiers de présenter un successeur au gouvernement (art. 91, loi 1816), est un droit essentiellement personnel qui ne peut être exercé, ni par les créanciers du titulaire, ni par ceux des héritiers.

Procédure Civile (1).

1. En principe, les tribunaux civils sont incompétents, *ratione materiæ*, pour connaître des différends qui devraient être régulièrement soumis aux juges de paix ou aux tribunaux de commerce; toutefois, l'incompétence disparaît, lorsque le tribunal civil peut être saisi régulièrement de la demande par la voie reconventionnelle.

1. La fin de non-recevoir contre un appel, résultant de ce qu'il est interjeté après les délais légaux, tient à l'ordre public; en conséquence, elle peut être proposée en tout état de cause, nonobstant les défenses au fond, et même être suppléée d'office.

Droit Commercial.

1. Le privilège du commissionnaire, sur le prix de la mar-

(1) Les questions suivantes ont été ajoutées sur les observations de M. l'Inspecteur-général : M. l'Inspecteur-général m'a fait remarquer qu'il était sino nécessaire, au moins convenable, que toutes les branches de l'enseignemen fussent représentées dans les positions de questions.

chandise à lui expédiée pour l rem
ces qu'il a faites, est préférable au privilége
primitif non payé de la marchandise.

2. Dans une société en nom collectif, l'engagement souscrit
sous la signature ou raison sociale par le gérant, oblige
la société entière, encore que cet engagement ait pour
objet une dette personnelle à l'associé souscripteur, alors
même que le créancier aurait connu ce fait, pourvu qu'il
n'y ait pas eu dol de sa part.

APPROUVÉ

Le Doyen de la Faculté de Droit,

LAURENS.

Vu l'approbation du Doyen :

L'inspecteur-général délégué,

F. LAFERRIÈRE.

TOULOUSE. — Typographie BAYRET-PRADEL et Cᵉ, rue Peyras, 19.